일하는 엄마는

어떻게
성장하는가

일하는 엄마는 어떻게 성장하는가

일과 육아 사이에서
흔들리는 엄마가 알아야 할
모든 것

이수연 지음

THE NAN
더난콘텐츠

프롤로그

일과 육아는
선택하는 것이 아니다

    2015년 9월, 《40대, 이력서 쓰는 엄마》 출간을 마지막으로 한동안 글을 쓰지 못했다. 너무 어린 두 아들을 키우는 생계형 워킹맘에게 책을 쓰는 일은 너무나 고된 일이었고, 하루하루를 버텨내듯 살던 때라 밤을 새우면서 글을 쓴다는 게 엄두가 나지 않았다. 회사 일과 두 아이 육아. 딱 여기까지가 내가 소화할 수 있는 전부였다.

    그때를 돌아보면 '내 일'과 '육아' 사이에서 균형을 잡는 게 중요하다고 생각했다. 나도 이걸 잘 해내지 못하면서 다른 사람에게 이렇게 하세요, 저렇게 하세요 말하는 것은 맞지 않다고 생각했기에, 일단 나와 내 아이들부터 잘 키우자고 마음 먹었다.

    그렇게 10년이 지났다. 그동안 나의 커리어는 누구도 따라올 수 없을 만큼 성장해서 나만의 강력한 무기가 되었고, 엄마만 찾던 두 껌딱지 아들은 이제 엄마 손길이 없어도 스스로 자기 앞가림을 해내는 나이가 되었다.

10년 전에 비하면 나의 일상은 한결 여유로워졌지만 다시 책을 써야겠다고 결심하게 된 계기가 있다. 여전히 바뀌지 않고 있는 현실 때문이다. 처음 이 일을 시작했던 15년 전과 지금을 비교하면 세상이 정말 많이 달라졌지만 많은 엄마들이 '일이냐, 육아냐'를 고민하는 현실은 그리 달라지지 않았다.

물론 일하면서 아이를 키우는 건 쉽지 않다. 세상에서 가장 어렵다는 두 가지를 워킹맘은 동시에, 매일 해내야 한다. 그래서 타이밍이 중요하다. 일이 365일 내내 휘몰아치지 않듯 아이도 항상 우리 손을 필요로 하는 건 아니다.

일과 육아가 언제나 5 대 5가 될 수는 없다.

회사에 집중해야 할 때는 그렇게 하고, 아이에게 손이 많이 가는 시기에는 업무를 조절해 아이에게 집중하면서 균형을 맞추는 게 가장 현실적인 '일과 삶의 양립'이라고 나는 생각한다. 육아도, 커리어도 결국은 반드시 집중해야 하는 핵심 시기를 중심으로 강약을 잘 조절하는 것이 중요하다. 이 책을 통해 이 이야기를 꼭 전하고 싶었다.

확신하건대 아이는 딱 10년만 제대로 공을 들이면 된다. 이 10년을 어떻게 보내느냐에 따라 스스로 자라는 아이가 되기도 하고, 계속 손이 가는 아이가 되기도 한다. 필요한 시기에 강약 조절만 제대로 해주어도 아이와 부모가 함께 성장하는 '플러스 육아'가 가능하다.

지금도 많은 엄마들이 아이를 위해 자신의 커리어를 포기하는 게 당연하지 않을까 고민하고, 좋은 부모가 되기 위해 끊임없이 남들과 비교하며 스스로를 불안 속으로 몰아붙이고 있다. 또 누군가는 자녀의 성공을 위해 모든 것을 쏟아붓는 분위기에 휩쓸리기도 한다.

하지만, 나는 말하고 싶다. 아이를 잘 키우기 위해서라도 우리는 '나 자신'을 잃지 말아야 한다고. 일과 육아는 선택의 문제가 아니라 조화와 전략의 문제다.

현장에서 만나는 수많은 엄마들이 자신의 이름을 되찾고 일과 삶의 균형을 맞춰가는 모습을 지켜보며 더욱 확신하게 되었다.

이 책이 이제 막 육아와 일을 병행하려는 엄마들에게는 현실적인 길잡이가 되고, 이미 지쳐버린 엄마들에게는 '다시 나를 사랑해도 괜찮다'라는 위로를 주면 좋겠다. 세상 모든 엄마들이 '나는 충분히 잘하고 있다'라는 따뜻한 확신을 얻을 수 있기를 진심으로 바란다.

2025년 8월

이수연

목차

· 프롤로그 ·

일과 육아는 선택하는 것이 아니다

004

1장

일하는 엄마여서 더 단단하다

퇴사하는 대신 성장하기	015
커리어도 아이처럼 자란다	023
워킹맘을 위한 번아웃 탈출법	027
체력이 무너지면 모든 것이 무너진다	031
일하는 엄마가 아이를 단단하게 만든다	036
스스로 자라는 아이들	040
경단녀가 아닌 인생 리셋 중	046
✱ 바쁜 부모를 위한 핵심 요약	052

2장
아이 인생은 열 살 전에 결정된다

5세까지는 아이 물건에 돈을 쓰지 말자 — 057
부모는 친구가 아니다 — 062
하루 10분으로 아이 마음을 얻는 법 — 066
하루를 행복하게 시작하면 평생이 달라진다 — 070
혼자 놀아도 괜찮다 — 073
열 살 이전까지 인생의 기본기를 가르치자 — 077
매일 존중받는 아이일수록 자존감이 높아진다 — 083
아이의 뇌를 망가뜨리는 행동 3 — 089
어릴 땐 단호하게, 사춘기일 땐 부드럽게 — 094
스마트폰을 이기는 아이는 없다 — 098
인성 좋은 아이 뒤에는 반드시 아빠가 있다 — 104
재능은 찾는 게 아니라 발견하는 것 — 108
집안일을 하는 아이가 세상을 더 잘 살아낸다 — 114
집안 행사는 최고의 인성교육 현장이다 — 118
영양제와 보약보다 건강한 밥 한 끼 — 122
아파트에서도 품앗이 육아를 할 수 있다 — 126
아이와 함께 준비하는 복직 A to Z — 131
할머니 육아에서 엄마가 지켜야 할 것들 — 138
상처 준 뒤에 아이 마음을 어루만지는 법 — 144

✹ 바쁜 부모를 위한 핵심 요약 — 148

3장
우리 아이 공부법 이제는 달라야 산다

매일 무탈하게 귀가하는 것으로 충분하다	155
공부머리가 없는 아이를 대하는 법	159
남들처럼 하는 아이 말고, 남과 다른 아이	162
공부를 왜 해야 하냐고 묻는 아이에게	168
뇌 사용법을 바꾸면 집중력이 달라진다	172
공부 습관을 바꾸는 66일의 힘	177
똑똑한 뇌 만드는 법	180
책 좋아하는 아이로 만드는 틈새 독서교육	184
✸ 바쁜 부모를 위한 핵심 요약	190

4장
워킹맘이 전문가로 성장하는 법

생계형 맞벌이일수록 일을 잘해야 한다	195
일을 대하는 엄마의 태도가 아이 인생을 바꾼다	200
존재감이 있어야 기회를 잡는다	205
직장은 친분이 아니라 성과로 말하는 곳	209
상처받지 않고 인간관계 맺는 법	212
워킹맘의 시간은 다르게 흘러야 한다	216
나의 행보가 다음 세대의 길을 만든다	220
✸ 바쁜 부모를 위한 핵심 요약	224

5장
사이좋은 부부가 아이의 정서를 좌우한다

우리 부부 사이, 지금 괜찮은가요?	229
친밀한 부부는 무엇이 다를까	234
아이가 중심에 있을수록 부부는 멀어진다	239
부부 사이가 삐끗하면 아이 마음이 허기진다	242
아이 앞에서 싸울 때 명심할 것들	247
사랑보다 예의가 먼저다	252
남편을 움직이게 하는 말은 따로 있다	256
우리 부부 후회 없이 사랑하는 법	261
✳ 바쁜 부모를 위한 핵심 요약	264

6장
부모와 아이는 함께 자란다

엄마가 흔들리면 아이는 무너진다	269
아이보다 나를 먼저 챙겨야 하는 이유	274
완벽주의 내려놓기	277
분노는 아이 몸에 상처를 새긴다	280
나는 정말 괜찮은 부모일까?	284
마음에도 정기검진이 필요하다	288
엄마 아빠 성장 프로젝트 - 이제, 부모도 자라야 할 시간	292
✳ 바쁜 부모를 위한 핵심 요약	296

일하는 엄마여서 더 단단하다

퇴사하는 대신
성장하기

15년 동안 수많은 워킹맘에게 많은 고충을 들었지만, 그중 가장 많이 들은 말을 꼽자면 바로 이것이다.

"저는 가슴에 사표를 품고 다녀요."

워킹맘이라면 이런 현실에 담긴 삶의 무게를 모를 리 없다. 특히 아이가 어릴수록, 육아와 회사 일을 병행하는 하루하루가 얼마나 전쟁통 같은지 뼈저리게 실감할 것이다.

두 아들을 키우는 나도 마찬가지다. 나는 첫째가 생후 8개월이었을 때부터 아이를 어린이집에 맡겨놓고 일을 했다. 그때는 지금보다 일하는 엄마를 위한 제도와 정책이 훨씬 부족했고 사회 전반적으로도 워킹맘을 배려하는 분위기가 자리 잡히지 않았기에, 워킹맘들이 매일 느끼는 고단함과 절박함을 누구보다 깊이 이해하고 공감한다.

그래도 우리는 냉정해져야 한다. 힘들다고 한탄만 하고 있으면 무엇이 달라지는가? 매일의 힘듦에만 갇혀 있다 보면 아이에게 미안한 감정만 점점 커지게 마련인데, 감정에 취해 쉽게 퇴사했다가는 이후 펼쳐질 현실을 제대로 대비할 수 없다.

냉정하게 들릴지 모르지만, 지금은 일과 육아를 양립하기가 힘들다는 이유로 일을 포기할 때가 아니다. 오히려 더 적극적으로 '성장'과 '발전'을 선택해야 한다.

지금 이 책을 읽고 있을, 유치원생부터 초등학생 정도 연령대의 아이를 키우고 있을 대다수 엄마들은 '100세 시대'를 살고 있다. 아니, 지금이 100세 시대라 하니 우리가 70~80대가 되는 몇 십 년 후에는 기본 수명이 120세가 될지도 모른다. 《UN미래보고서 2025》에 따르면 2030년에는 평균 수명이 130세에 이를 것이라고 한다. 보험업계에서도 '130세 보장보험'을 판매하고 있다.

이 말은 우리가 단순히 생물학적으로 오래 산다는 의미가 아니라 최소 80세까지는 일을 해야 하는 시대가 되었다는 뜻이다. 그러니 지금의 직장 생활은 단순히 생계유지나 학원비 벌이가 아니라, 아이를 독립시킨 후 나의 인생 후반전을 준비하는 투자라고 생각해야 한다. 여기서 더 슬픈 사실이 하나 있으니, 남편들의 은퇴 시기는 갈수록 빨라지고 있다는 점이다.

2024년 5월 발표한 통계청 경제활동인구조사에 따르면, 55~64세가 마지막 직장을 그만둔 평균 연령은 만 49.4세로 집계되었다. 법적 정년은 60세이지만, 요즘 30~50대 직장인 중에 자신이 만 60세까지 직장 생활을 할 수 있을 거라 기대하는 사람은 거의 없다.

엎친 데 덮친 격으로 최악의 불황과 장기 저성장의 시대가 도래한 지금, 많은 기업이 이르면 40대 초반 직원들도 권고사직과 희망퇴직 대상자에 포함시키고 있다. 우리도, 우리들의 남편도 결코 예외가 아니다. 현실은 언제나 우리의 예상보다 잔인하고 매정하다.

남편 월급을 믿지 말자

"소장님, 솔직히 말하면요. 남편한테 생활비를 받아서 쓰는 게 이렇게 치사하고 자존심 상하는 일인 줄 몰랐어요."

"생활비를 많이 주는 것도 아니면서 아껴 써라, 살림 좀 잘해라 소리를 듣는 것도 짜증 나고, 만 원짜리 티셔츠 하나 살까 말까 며칠씩 고민하면서 장바구니에 넣었다 뺐다 하는 제가 너무 초라해요."

육아에 집중하기 위해 일을 그만둔 분들이 조심스레 털어놓는 어려움을 듣다 보면 확실히 돈에 관한 내용이 많다. 회사를 다닐 때는 쥐꼬리처럼 적게 느껴졌던 월급이지만, 막상 끊기고 나면 깨닫는다. 작고 귀엽다고만 생각했던 월급이 얼마나 소중하고 든든한 것이었는지. 이것이 퇴사 후 우리가 마주하는 현실이다.

그래서 육아가 힘들고 지친다는 이유로 내가 가진 경제적 능력을 쉽게 포기해서는 안 된다. 오히려 이 시기야말로 나를 더 경쟁력 있고 독립적인 사람으로 성장시켜야 한다. 물론 아침저녁으로 아이 챙기기도 벅찬데 나를 위해 뭔가를 배우고 도전하기란 쉽지 않다. 그래서 더더욱, 매일 10분이라도 '나를 위한 시간'을 확보해야 한다. 그냥 멍하게 흘려보내는 10분이 아니라 5년, 10년 후의 나를 상상하며 내 안에 경쟁력을 쌓아가는 10분을 확보해야 한다. 온라인 강의 듣기, 블로그 작성, 릴스 제작 등 작고 소소해 보여도 나를 성장시킬 수 있는 일이, 분명 하나쯤은 있다.

경제적 독립은 단순한 생계 문제가 아니다. 직업은 우리의 자존감을 지키고 가족 내에서의 심리적 균형감을 유지하며, 남편 없이도 당당히 설 수 있게 만들어주는 필수조건이다. 아이에게도 '엄마 이전에 자신의 삶을 주도적으로 살아가는 한 인간'임을 보여주는 교육이 될 수 있다.

아무리 가족을 위해 헌신한다 해도, 경제적으로 무능하다는 느낌을 받는 순간 심적으로 와르르 무너지는 것이 자본주의 세상의 현실이다. 아이를 키우는 집이라면 시간이 지날수록 남편의 수입만으로는 더 이상 평온한 가정을 유지할 수 없다. 둘이서 벌 땐 남편의 소득이 견고한 울타리처럼 보일 수 있지만, 나의 울타리가 사라지는 순간 남편의 울타리도 생각보다 쉽게 무너진다.

그러니 꼭 기억하자. 남편만 믿고 퇴사하는 결정을 내린다면, 그 후회는 생각보다 크고 오래간다는 사실을 말이다.

사직서 대신 미래를 품자

우리가 매일 가슴에 품어야 할 것은 '사표'가 아니라 '미래'다. 아직 든든한 직장에 있을 때 치밀하게 다음을 준비해야 한다. 물론 일과 육아를 병행하는 일은 상상 이상으로 버겁다. 때로는 먼저 승진하는 동료를 보며 마음이 착잡해지고, 어린아이를 맡기고 일한다는 이유로 죄인처럼 고개를 숙이느라 자존심에 금도 갈 것이다. 그런 날은 누구라도 당장 사직서를 제출하고 싶은 충동이 들게 마련이다. 바로 그 순간, 자신에게 물어보자.

'지금 그만두면 나는 무엇을 해서 돈을 벌 수 있을까?'

퇴사는 다음 방향을 찾았을 때 해도 늦지 않다.

가장 현명한 방법은 지금 하는 일이 퇴사 후에도 돈이 되도록 만드는 것이다. 지금까지 쌓은 지식, 경험, 네트워크를 내려놓고 완전히 새로운 일에 도전하는 것은 마치 시베리아 벌판에서 혼자 눈보라를 맞는 것처럼 고통스럽고 외롭다. 대신 지금 하는 일을 '탁월하게' 잘 해두면 회사 밖에서도 살아남을 수 있는 전투력을 갖추게 된다.

회사는 나를 평생 지켜주지 않는다. 나를 그런 존재로 여기지도 않는다. 하지만 내가 쌓은 실력, 경험, 전문성은 어디서든 나를 지켜줄 든든한 무기가 된다. 그러니 눈앞에 놓인 일을 단지 월급을 받기 위한 수단으로만 보지 말자.

'이 일을 퇴사 후에도 돈이 되게 만드는 법이 뭘까?', '그동안 했던 경험을 어떻게 자산으로 쌓을 수 있을까?'

끊임없이 질문하면서 지금 하는 일을 내일의 기회로 연결하자. 회사야말로 나의 미래를 준비하기 좋은 최고의 무대이고, 지금 하는 일은 그 무대에서 나를 빛나게 해줄 기회이자 자산이다. 반드시 성장하겠다는 다짐으로 회사에서 몰입해보자. 아이가 자라는 속도만큼 우리도 자랄 것이고 치열하게 보낸 오늘이 머지않아 내 삶에 강력한 날개를 달아줄 것이다.

언제까지 아이를 책임질지 결정하자

"언제까지 아이 뒷바라지를 해주실 건가요?"

강연 때 이런 질문을 던지면 대부분은 대학 졸업 때까지라고 답한다. 언뜻 들으면 당연한 것 같지만 냉정하게 고민해보자. 요즘 대학 졸업까지 평균 5년~5년 반이 걸린다고 한다. 더 안타까운 현실은 대학 재학 기간이 점점 더 길어지고 있다는 점이다. 일단 졸업을 한 상태에서는 취업 준비가 더더욱 쉽지 않기 때문에 졸업을 유예하는 경우가 많고, 청년들도 부모에게 계속 손을 벌리기가 미안해 아르바이트로 돈을 벌면서 스펙을 쌓느라 휴학도 자주 하게 된다.

아이가 대학을 졸업한다고 부모 역할이 끝나는 것도 아니다. 지방에 거주하면서 서울로 취업할 경우 기본적인 생활비나 학자금 대출 등을 부모가 일정 부분 부담해야 하는 것이 기본 전제가 되었다. 한마디로 생각보다 긴 세월을 지금처럼 살아가야 하는 것이 현실이다.

육아의 최종 목표는 '자녀 독립시키기'이다. 자녀가 완전하게 독립하지 않는 한, 엄밀히 말하면 육아는 끝나지 않는다. 그리고 부모에게 의존하는 기간이 길어질수록 아이의 인생도 무기력해질 확률이 크다. 은둔형 외톨이 청년이 한국에만 50만 명이 넘는다는데, 우리 아이가 나중에 그렇게 되지 말라는 법은 없다.

• TIP •

나만의 브랜드를 구축하는
3단계 전략

1. 내 이름을 내건 작은 프로젝트부터 시작하자

어떤 플랫폼이든 상관없다. 요일과 시간을 정해 단 하나의 콘텐츠를 올려보자. '머리로는 알지만 실천이 어렵다'라는 핑계를 이겨내는 가장 좋은 방법은 아주 작게 하는 것이다. 나를 브랜드로 완성시키는 것은 신뢰이고, 신뢰의 밑바탕은 꾸준한 실천이다.

2. 스터디 모임에 적극 참여하자

관심 있는 주제를 함께 공부하는 모임에 참여하자. 처음엔 듣기만 해도 괜찮다. 익숙해지다 보면 점차 자료를 준비하고, 짧게나마 발표를 하고, 나의 의견을 나누는 '주도적 참여'가 가능해진다.

3. 온라인 커뮤니티에서 팬덤을 만들자

사람을 직접 만나기 어렵다면, 주제 중심의 온라인 커뮤니티를 만들어보자. 비슷한 고민을 가진 사람들과 소통하면서 필요한 정보를 나누다 보면 자연스럽게 나를 좋아하고 믿어주는 사람들이 생긴다.

커리어도
아이처럼 자란다

아이를 키우면서 일하다 보면 '이러다 내 커리어가 중단되거나 뒤처지는 건 아닐까' 하는 생각 때문에 불안해지는 순간들이 있다. 이때 꼭 기억해야 할 점이 있다. 우리는 단지 1~2년 더 일하고 말 사람이 아니라, 긴 인생을 살아가는 동안 끊임없이 성장해야 하는 존재이다. 그래서 흔들릴 때마다 중심을 딱 잡고 일을 계속하기 위해선 일단 내가 가고자 하는 방향이 명확해야 한다.

장기적인 인생 계획까지 세우면 더 좋겠지만, 거기까지 고민하기엔 부담스럽다면 우선 '지금 하고 있는 내 일'에 대한 계획부터 세워보자. 시간이 있을 때 큰 그림을 조금씩 그려두면, 언제 치고 나아갈지 언제 숨을 고르며 한 템포 쉬어갈지를 스스로 판단할 수 있고 유연한 선택을 하기도 훨씬 쉬워진다.

중요한 건, 커리어 설계의 기준은 철저히 나 자신이 되어야 한다는 점이다. 워킹맘의 성장 계획은 아이의 성장과 주변 환경에 따라 달라질 수밖에 없으니 이웃, 친구, 동료, SNS 속 누군가와 비교하며 자괴감을 느낄 필요는 전혀 없다. 불안과 초조함이 밀려올 땐 우리 모두의 인생에 굴곡이 있듯, 커리어 면에서도 언제나 상향 곡선만 그릴 수는 없다는 점을 명심하자. 커리어가 일정 시기에 멈추는 것이 아니라 '나아가는 방식'이 달라지는 것이다.

아이에게 온전히 집중해야 하는 시기라면 이 시기에는 일로 성공하고자 하는 자아는 잠시 내려놓고, 지금 눈앞에 보이는 일들을 하나하나 성실히 유지하는 것에 집중하자. 아이가 어느 정도 성장하면서 일상의 루틴이 다시 잡히면 한 단계 도약할 시간을 제법 확보할 수 있다.

양육에 집중할 시기는 따로 있다

흔히 아이를 키울 때는 잠시도 눈을 떼서는 안 된다는 말을 하지만, 아이에게 특히 집중해야 하는 시기는 따로 있다. 아이가 클 때까지 몇 년을 '쌩으로' 고생할 필요는 없다는 뜻이다. 아이의 발달 특성을 고려했을 때 부모가 특히 신경 써야 할 시기는 크게 다섯 번으로 구분할 수 있다.

• 돌 전후

애착 형성이 가장 중요한 시기. 주 양육자가 꾸준히 보살펴야 아이의 정서가 안정될 수 있다. 이 시기를 잘 보내면 이후 2~3세를 비교적 수월하게 보낼 수 있다.

• 4세

아이의 사회생활이 본격적으로 시작되는 시기. 이때는 자율성을 허용하면서도 적절한 훈육을 통해 행동의 균형을 잡아주는 것이 특히 중요하다. '해야 하는 일'과 '해서는 안 되는 일'을 명확히 알려주고, 직접 해보고 싶어 하는 마음을 잘 키워주는 데 집중하자.

• 7~8세

새로운 환경에 적응하고 생활 습관, 질서 및 규칙 준수, 공부 습관 등을 잡아주어야 하는 매우 중요한 시기. 이때 부모가 정서적으로 든든한 안전기지가 되어준다면 아이는 안정적으로 성장할 수 있다.

• 11세

신체적, 정서적 변화뿐 아니라 성적, 친구 관계 등 다방면으로 많은 변화가 찾아오는 시기. 이때부터 사춘기가 시작되어 부모와 갈등을 빚거나 학교에 가는 것을 싫어하는 아이도 있다. 아이가 느끼는 다양한 감정 변화를 잘 포착해서 섬세하게 반응해주고, 건강한 생활 습관과 학습 방식을 다져주는 것이 중요하다.

• **14세**

성적, 진로, 사회 등 모든 요소에서 다양한 욕망이 고조되는 시기이자 친구 관계, 적성, 취향 등 개인적인 부분에서도 고집이 강해지면서 부모와 갈등을 빚기 쉬운 시기.

초등학교와는 차원이 다른 환경에 적응해야 하기에 아이가 쉽게 지치고 자주 혼란스러워한다. 부모의 세심한 관심과 정서적 지지, 아이와 함께 진로를 탐색하고 고민하면서 신뢰를 쌓으려는 노력이 반드시 필요하다.

매일 최선을 다하려고 하면 누구나 지친다. 반드시 집중해야 하는 '핵심 시기'를 중심으로 강약을 잘 조절하면, 우리의 커리어는 쉽게 무너지지 않는다. 그러니 항상 완벽해지려 하지 말자. 중요한 시기에 몰입하고 나머지 시간에는 나에게 집중하자. 육아에서 중요한 건 양보다 질이다.

워킹맘을 위한
번아웃 탈출법

"번아웃은 멘탈이 약한 사람들이 걸리는 거 아냐?"

가끔 이런 말을 하는 사람들을 보면 "그 입, 당장 다물라!"고 받아치고 싶다. 번아웃의 고통을 직접 겪어보지 않은 사람들은 '나약하다', '깡이 부족하다'라는 말을 쉽게 내뱉지만 워킹맘의 하루는 정신적·육체적 에너지를 쥐어짜면서 살아내야 하는 전쟁의 연속이다.

실제로 워킹맘 열 명 중 여덟 명 이상이 번아웃을 경험한다는 조사 결과가 있다. 미국심리학회APA는 번아웃을 '단순 피로가 아닌, 심각한 정신적·육체적 탈진 상태'라고 정의하고 있으며, 세계보건기구 또한 번아웃을 '직장 내 만성 스트레스로 인한 증상'이라고 명시하고 있다. 이 말은 번아웃을 오래 방치해두면 우울증, 불면증, 면역력 저하 등으로 이어지며 심한 경우 공황장애, 강박증 등으로까지 발전할 수 있다는 뜻이다.

워킹맘에게는 24시간 동안 벌어지는 모든 일상이 일이다. 아침에는 아이를 깨우고 씻기고 먹이는 것이 일이다. 출근하면 업무가 쌓여 있다. 퇴근하고 오면 저녁 차리기, 설거지, 청소, 빨래, 정리정돈이 기다리고 있다. 게다가 바쁘거나 중요한 일을 앞두고 있거나 뭔가를 해보려는 순간 신기하게도 아이가 아프다. 친정 부모든 육아 도우미든 아이를 보살펴줄 사람이 있으면 다행이지만, 그렇지 않으면 대부분 이 시기에 멘탈이 무너진다.

'대체 무엇을 위해 이렇게 허덕이며 사는 거지?'

엄마의 의무, 아내의 의무, 며느리의 의무, 직장인의 의무만 가득한 하루하루를 살다 보면 '이게 내가 기대했던 인생인가' 싶어 허탈해질 때가 한두 번이 아니다. 이럴 때 절대 스스로를 다그치지 말자. 내가 세상에서 가장 귀하게 여겨야 할 사람은 바로 나 자신이다.

혹시 아래 항목에서 하나라도 체크를 했다면, 지금 당장 나를 보살필 시간을 억지로라도 만들어보자.

- ☑ 나만의 기준이 확실하다.
- ☑ 계획대로 되지 않으면 스트레스를 받는다.
- ☑ 웬만하면 직접 해야 마음이 편하다.
- ☑ '이왕 하는 거, 잘해야지'라는 생각 때문에 늘 긴장하고 불안하다.

"우울증은 약하다는 증거가 아니라, 너무 오랫동안 강하려고 애썼다는 신호일 수 있어요."

예일대 정신의학과 나종호 교수가 한 말이다. 그렇다. 번아웃은 약해서가 아니라, 너무 강해서 온다.

오늘부터 실천하는 번아웃 탈출 비결 3

1. 아침 루틴을 만들자

"걱정 없는 인생을 살기를 바라지 말고, 걱정에 물들지 않는 법을 연습하라."

프랑스 철학자 알랭 바우디Alain Badiou가 한 말이다. 번아웃을 예방하는 가장 확실한 방법은 '작은 루틴'을 만들어 매일 성취감을 맛보는 것이다. 기분이 가라앉을 때 스마트폰이나 인터넷에 빠지면 부정적인 생각이 더 부정적인 방향으로 흐른다.

아침에 눈을 뜨면 기지개 켜기, 일어나자마자 이불 정리하기, 가벼운 스트레칭, 공복에 마시는 따뜻한 물, 감사 일기 한 줄 쓰기 등 아주 사소해 보이는 작은 루틴이 하루를 살아가는 힘이 된다. 자신만의 아침 루틴을 만들어 하루를 주도적으로 시작하고, 작은 성취감을 맛보며 자신감을 회복하자.

2. 공간을 정리하면 마음이 정리된다

마음이 복잡할수록 청소가 필요하다. 정리되지 않은 공간이 뇌에 불필요한 자극을 주어 스트레스를 높이고 집중력과 감정 조절에도 부정적 영향을 미치기 때문이다. 《청소력》의 저자 마쓰다 미스히로는 "당신이 사는 방이 당신 자신이다. 당신의 마음 상태, 그리고 인생까지도 당신의 방이 나타내고 있다"라고 했다. 안 쓰는 물건을 하나씩 버리기, 일주일에 한 번 냉장고와 서랍 정리하기, 한 달에 한 번 스마트폰 사진 정리하기 등을 실천해보자.

나의 경우, 출근 전 5분 동안 짧게 식탁을 치우고 주말엔 냉장고를 정리한다. 집이 정리되면 확실히 마음이 개운해지고 의욕도 살아난다.

3. 지금 당장 눈앞에 놓인 일에 집중한다

'잘하고 있는 걸까?', '이게 맞는 걸까?' 같은 생각을 자꾸 하다 보면 에너지가 소진될 수밖에 없다. 하버드대 심리학자 매튜 킬링스워스 Matthew Killingsworth와 대니얼 길버트 Daniel Gilbert의 연구에 따르면 '사람들이 가장 불행하다고 느끼는 순간은 지금이 아닌 다른 일을 생각할 때'라고 한다. 일하면서 아이 걱정, 아이와 있으면서 회사 걱정을 하면 어떠한 기쁨도 얻지 못하고 스트레스만 쌓인다. 그러니 원치 않는 걱정과 두려움을 억지로 밀어내려 애쓰기보다, 지금 집중해야 하는 일에 온전히 몰입하는 연습을 해보자. 몰입이야말로 쓸데없는 에너지 낭비를 방지해 피로감을 줄여주는 가장 확실한 방법이다.

체력이 무너지면
모든 것이 무너진다

누구나 타인에게 다정하고 친절한 사람이 되고 싶어 한다. 나도 그렇다. 아이에게는 너그러운 엄마가, 직장에서는 여유 있고 지혜로운 동료가 되고 싶다. 정신줄을 붙잡고 있을 때는 어떻게든 그런 모습을 유지하려 노력한다. 하지만 체력이 바닥나기 시작하면 인내도, 여유도, 참을성도 사라진다. 신경은 예민해지고 사소한 일에도 짜증이 폭발하면서 친절은 사치가 된다.

'체력은 국력'이라는 말도 있지만, 워킹맘에게 체력은 '국력' 이전에 '생존템'이다. 매일을 버티게 하는 유일한 동아줄이자 내가 괜찮은 사람처럼 보이게 해주는 최소한의 힘이 체력에서 나온다.

그 동아줄이 끊어지는 순간 '인성의 끝자락'과 마주하게 된다. 별일 아닌 일에 부르르 떨며 화를 내고, 남편과 아이에게 고래고래 소리를 지르고, 사무실에서는 인상을 잔뜩 쓴 채 '건드리면 문다!' 하는 포스를 뿜어낸다. 물론 사람이니 그럴 수도 있다. 그런데 잦은 분노는 아이를 불안하게 만들고, 날카로운 성격은 동료들을 불편하게 만든다. 이 모든 결과는 결국 내가 책임져야 한다. 그래서 나는 워킹맘들에게 단호하게 말한다.

"일도 잘하고 아이도 잘 키우고 싶다면 첫째도 체력! 둘째도 체력! 셋째도 체력입니다. 무조건 체력 관리부터 하세요."

한때 큰 사랑을 받았던 드라마 〈미생〉에도 이런 대사가 나온다.

"이루고 싶은 게 있으면 체력부터 길러."

그래서 나는 새로운 목표가 생길 때마다 운동화를 신고 집 밖으로 나간다. 확실히 체력이 좋아지면 의욕이 생기고 집중력도 강해진다.

우리는 늘 시간이 부족하다. 할 일은 많은데 자존감이 무너지는 순간은 너무 자주 찾아온다. 때로는 낭떠러지 끝에 선 것처럼 위태롭다. 이때 흔들리는 마음을 붙잡아주는 힘, 넘어져도 다시 일어나기 위해 발바닥에 힘을 딱 싣게 만드는 진짜 힘은 노력과 의지가 아니라 체력에서 나온다.

나도 예전에는 바쁜 와중에도 악착같이 운동하는 선배들을 보면서 '뭐 저렇게까지 하지?' 싶었다. 그런데 선배들의 나이가 되고 보니, 왜 그들이 그렇게까지 운동을 사수했는지 이해가 된다. 워킹맘에게 체력은 나를 지키기 위한 몸부림, 일상을 버텨내기 위한 마지막 방어선인 것이다.

물론 말처럼 쉽지는 않다. 그렇지만 지금 당장 귀찮다고 포기했다가는 정말 나중에는 아무것도 할 수 없는 상태가 된다. 바로 지금, 자리에서 일어나 스쿼트 한 번이라도 해야 하는 이유다.

건강을 지키는 일상 습관

운동 시간을 확보하기 어려운 워킹맘은 '틈새 시간'을 적극 활용하는 것이 중요하다. 출퇴근 시간, 점심시간 등 흘려보내기 쉬운 몇 분을 모으면 운동 시간으로 활용할 수 있다.

나의 경우, 대중교통을 주로 이용하기 때문에 걷는 시간이 많다. 이때 스마트폰을 들여다보며 걷기보다는 허리를 꼿꼿하게 펴고 바른 자세로 걸으며, 한 정거장 전에 내려 걷는 시간을 늘리기도 한다. 또한 에스컬레이터 대신 계단을 이용하는 것도 좋은 방법이다. 이 정도만 해도 하루 5,000보 이상 걷는 것이 어렵지 않다.

차로 이동할 때는 신호 대기 중에 가볍게 목과 손목 스트레칭을 해보자. 사무실에서도 엘리베이터를 기다릴 때, 커피를 내릴 때, 화장실에서 거울을 볼 때처럼 짧은 시간을 모으면 충분히 운동할 수 있다.

개인적으로 추천하고 싶은 운동은 점심 식사 후 10분 걷기와 까치발 들기다. 우리 몸의 근육 중 70퍼센트가 하체에 몰려 있는 만큼, 다리를 자극하는 간단한 운동으로 전반적인 체력을 향상시킬 수 있다.

종아리는 '제2의 심장'이라고 불릴 만큼 혈액순환과 직결되기에 꾸준히 자극하면 피로 회복과 집중력 향상에도 도움이 된다.

운동만큼 중요한 것을 또 하나 꼽자면 잘 먹고 잘 자는 것이다. '내가 먹는 음식이 곧 나다'라는 말이 있듯, 식단 선택은 우리의 에너지와 감정에 큰 영향을 미친다. 유독 지치고 짜증 나는 하루를 되돌아보면, 제대로 된 식사를 하지 못한 경우가 많다. 밥심이라는 말이 괜히 있는 게 아니다. 그러니 가급적이면 하루 두 끼 정도는 균형 잡힌 식단으로 챙겨 먹으려고 노력하자. 처음엔 번거롭더라도 건강한 식습관이 몸에 익으면 자연스럽게 패스트 푸드보다 건강식을, 탄산음료보다 물을, 달달한 커피보다 아메리카노를 찾게 된다.

그리고 워킹맘에게 가장 필요하지만 부족한 자원이 수면이다. 할 일이 너무 많아서이기도 하고, 아이를 재운 뒤 내 시간을 갖고 싶은 마음에 늦은 밤까지 쇼핑, 커뮤니티 활동, OTT 시청 등을 하는 경우가 많은데 매일 최소 여섯 시간은 자는 습관을 만들어보자.

• TIP •

1분 만에 실천하는 건강 습관

1. 아침 기상 후 기지개 켜기
일어나자마자 기지개를 크게 켜고 온몸을 쭉 늘려보자. 비몽사몽으로 시작할 때보다 하루가 훨씬 개운해진다.

2. 양치하면서 스쿼트하기
양치질을 할 때마다 스쿼트를 해보자. 따로 시간을 내지 않고도 허벅지와 코어 근육을 강화할 수 있다.

3. 수시로 상체 스트레칭
일상에서 상체를 움직일 일이 생각보다 많지 않다. 알람을 맞춰두고 목과 어깨를 자주 풀어주면 저녁에 피로감이 훨씬 줄어든다.

4. 하루 한 번 하늘 보기
많은 현대인들은 길을 걸을 때 땅을 본다. 하늘이 가장 맑은 오후 두세 시에 잠깐이라도 하늘을 올려다보며 마음의 여유를 가져보자.

5. 언제 어디서든 3초 발끝 스트레칭
횡단보도 앞에서, 지하철에서 발끝을 위아래로 움직이거나 돌려보자. 다리 혈액순환을 도와주고 부종을 방지하는 데도 효과가 있다.

일하는 엄마가 아이를 단단하게 만든다

"엄마가 집에 없으면 아이 정서에 문제가 생길까 봐 걱정이에요."

워킹맘이 퇴사를 고민하게 되는 가장 큰 요인은 아이가 정서적으로 불안해질 수도 있다는 두려움이다. 그런데 결론부터 말하자면, 엄마가 바쁘다고 아이에게 문제가 생기는 것은 아니다. 물론 바쁜 시기에는 아이를 세심하게 챙기지 못할 수 있다. 나 역시 아침마다 전쟁을 치르듯 출근 준비를 하느라 아이에게 신경 쓰지 못한 날이 수없이 많았다. 나름 최선을 다했다고 생각했지만 아이를 방치한 엄마처럼 느껴질 때도 있었다.

실제로 현장에서 워킹맘들을 만나보면 "쟤네 엄마는 일하잖아"라는 말을 특히 듣기 싫어한다. 아마 그 말에 '저 집 엄마는 일하느라 바쁜지 애를 제대로 못 챙기는 것 같던데?'라는 뉘앙스가 숨어 있기 때문일 것이다.

그래도 꼭 기억해야 할 것이 있다. 일거수일투족을 챙겨주지 않아도 아이는 충분히 잘 자란다는 사실이다. 오히려 엄마가 일에 집중하는 모습을 지켜보며 자라는 아이일수록 필요한 물건을 스스로 챙기며 엄마처럼 독립성과 생존력을 키우려고 노력한다. 일하는 엄마를 자랑스러워하고 자신의 힘으로 할 일을 하나씩 해내며 성취감과 자존감을 쌓아간다. 이런 아이는 엄마를 도울 수 있는 일이 생기면 기꺼이 도우려 한다.

그러니 아이에게 미안해하지 말자. 우리는 아이를 방치하는 것이 아니라, 자립심을 가질 수 있도록 기회를 주는 것이다. 이것이야말로 일하는 엄마가 줄 수 있는 최고의 선물이다.

실제로 강연장에서 만난 한 워킹맘은 딸이 초등학교에 들어갈 무렵부터 아침마다 옷을 스스로 고르고, 방과 후에는 학원 가방도 직접 챙긴다고 했다. 준비물을 깜빡할 때도 있지만 몇 번 실수를 하면서 점점 야무진 아이로 자라고 있다며 뿌듯해했다. 딸이라 그렇다고 생각할 수도 있지만 성별은 상관없다. 은행에서 일하는 지인의 아들은 학교를 마치고 돌아오면 달걀프라이와 라면, 냉동 볶음밥 정도는 스스로 챙겨 먹고 설거지까지 마치고 학원에 간다. 심지어 엄마가 부탁하면 쌀을 씻어 밥도 안친다고 한다. 우리 집의 두 아들도 바쁜 엄마를 보며 자란 덕분에 "엄마, 그거 어딨어?" 하고 묻기보다 스스로 해결하는 법을 익혔다.

하버드 비즈니스 스쿨의 연구에 따르면, 워킹맘의 자녀들은 더 독립적이고 주도적인 성향을 보이며 특히 딸의 경우 교육 수준이 높고, 직업적 성취도도 더 높은 것으로 나타났다. 또한 아들들의 경우 "집안일과 가족 돌봄에 관여할 가능성이 높아지고 성평등 의식이 강화된다"라는 결과도 나타났다. 엄마가 일을 하고 돈을 버는 모습을 어릴 때부터 지켜보면서 주도성과 자립심을 자연스레 체득한 결과다.

일하는 엄마는 단순히 가정의 생계를 책임지는 사람이 아니다. 딸에게는 성인이 되었을 때의 구체적인 롤모델이 되고, 아들에게는 '배우자상'의 기준이 된다.

우리는 완벽한 엄마가 될 필요도 없고, 될 수도 없다. 단지 오늘 하루를 열심히 살아가는 모습을 보여줄 뿐이다. 챙겨주지 못한다고 자책하기보다, 내 삶을 열심히 꾸려가는 스스로에게 먼저 자부심을 가져보자.

세상이 나를 중심으로 착착 굴러가면 정말 좋겠지만, 그런 삶을 사는 사람은 없다. 속이 상하면 상하는 대로 아프면 아픈 대로 '오늘은 이렇게 보냈지만 내일 잘하면 되지' 하고 떨쳐내는 멘탈이 필요하다. 이러한 마음으로 살다 보면, 어느새 아이는 훌쩍 자라 있을 것이고 우리는 단단한 내공을 갖춘 엄마가 되어 있을 것이다.

• TIP •

워킹맘에게 필요한 세 가지 마음가짐

1. 나는 부족하지 않다
일을 한다고 아이에게 소홀한 엄마가 되는 것이 아니다. 오히려 워킹맘의 아이는 더 강하고 독립적으로 성장한다. 내가 열심히 살아가는 모습을 보여주는 것 자체가 최고의 교육이라는 점을 기억하자.

2. 미안해하지 말고, 아이를 믿자
아이는 우리가 생각하는 것보다 훨씬 강하다. 챙겨주지 않아도 스스로 해내는 존재다. 걱정하기보다는 믿어주자.

3. 완벽한 엄마가 되려고 하지 말자
완벽하고 싶은 욕심이 클수록 스트레스만 쌓인다. 우리는 완벽한 엄마가 아니라 아이를 진심으로 사랑하는 엄마다. 그거면 충분하다.

스스로 자라는
아이들

　　　　　　　　　　우리의 마음속에는 늘 무거운 돌덩이가 하나씩 얹혀 있다. 회사에 있을 때는 함께 있지 못하는 게 미안하고, 함께 있을 때는 아이에게 온전히 집중하지 못해서 죄책감이 올라온다. 혼자 지내는 아이를 생각하면 안쓰러움이 우리 마음을 지배한다.

　그런데 종일 함께 지낸다고 해서 아이가 정서적 안정감을 느끼는 것은 아니다. 중요한 건 얼마나 많은 시간을 함께 보내느냐가 아니라, 그 시간 동안 얼마나 밀도 높게 연결되어 있느냐다.

　이제는 생각을 바꾸어야 한다. 돈 때문이든 자아실현을 위해서든, 어차피 일을 해야 한다면 상황을 받아들이고 '어떻게 하면 우리 가족이 더 행복해질까'를 고민해보자. 아이는 부모의 감정과 기분을 고스란히 흡수하기에, 자꾸 안쓰러운 표정으로 바라보며 습관적으로 미안하다고 말하는 것이 아이에게 오히려 독이 될 수도 있다. '엄마가 자꾸 미안하다고 하는 걸 보니 엄마가 일하는 건 잘못된 거네?'. '나는 부족하고 불쌍한 아이인가?' 같은 생각을 할 수도 있기 때문이다.

혼자 있을 때 밥을 차려 먹는 법, 필요한 준비물을 직접 챙기는 법, 친구와 싸웠을 때 화해하는 법, 자존심이 상할 때 감정을 추스르는 법, 욕심이 생겨도 질서를 따르는 법, 가끔은 양보하고 물러나는 법…. 부모가 설명해줄 순 있어도 직접 경험하며 배워야 하는 것들이다.

아이 스스로 본인 인생을 살아내야 하는 시간이 천천히 다가오고 있다. 우리는 평생 아이를 지켜줄 수 없다. 아이가 넘어야 할 장애물도 대신 치워줄 수 없다. 다만 아이가 성인이 될 때까지 그 과정을 충분히 연습할 수 있도록 격려할 뿐이다.

아이에게 꼭 가르쳐야 하는 세 가지

1. 외롭다고 아무하고 연락하지 않는다

외로움은 모든 사람이 느끼는 감정이다. 혼자 있다 보면 자연스레 외로움을 느낄 수 있지만 단지 그 이유만으로 다른 사람에게 쉽게 기대거나 의존하지 않도록 가르쳐야 한다.

최근 아이들이 오픈채팅방에 들어갔다가 범죄에 연루되는 사례가 점점 늘고 있다. '그루밍 성범죄'가 대표적이다. 가해자가 아이에게 계획적으로 접근해 신뢰를 주며 친분을 쌓은 뒤, 심리적으로 지배한 상태에서 성적 착취를 시도하는 범죄를 뜻한다.

여성가족부의 '2023년 아동·청소년 성착취물 인식 및 피해 경험 조사'에 따르면, 전국 중·고등학생의 3.9퍼센트가 성적 이미지 전송을 요구받은 적이 있고, 2.7퍼센트는 불법 촬영 피해를 입은 것으로 나타났다. 그러니 아래와 같은 내용을 반드시 가르쳐야 한다.

- 인터넷에 개인정보를 공개하거나 공유하지 않기
- 낯선 사람이 계속 메시지를 보낸다면 즉각 차단하기
- 얼굴 사진, 특히 신체 사진은 절대 주고받지 않기

충분히 사랑받지 못한다고 느끼는 아이일수록 오픈채팅의 유혹에 빠지기 쉽다. 아이가 엄마를 믿고 편히 속마음을 털어놓을 수 있도록 평소 친밀한 관계를 맺는 데 집중하자. 스마트폰 사용 습관, 친한 친구, 요즘 고민 등도 평소 자연스럽게 대화하는 습관을 들이자.

2. 상대방이 싫어하는 행동을 하지 않는다

상대방의 눈치를 보라는 뜻이 아니라, 상대방을 존중하고 기본적인 예의를 지키도록 가르치라는 뜻이다. 특히 누구라도 불편함을 느낄 수 있는 행동은 하지 않도록 가르쳐야 한다.

간혹 또래 친구나 선생님 등을 만나면 와락 안거나 갑작스레 뽀뽀를 하는 식으로 애정 표현을 하는 아이들이 있다. 그만큼 사람을 좋아한다는 의미겠지만 이럴 때 즐겁고 반가운 감정을 어떻게 표현하면 좋을지 가르쳐야 한다. 무작정 "왜 이래? 그만!", "안 돼!", "하지 마!"라고 혼을 내는 것은 좋지 않다. "반가워서 인사하고 싶은데 안아도 돼?"라고 먼저 물어보기, 장난을 쳤다가 상대방이 피하거나 싫다고 말하면 즉각 멈추기 등을 설명해주어야 한다.

참고로 이러한 감정 표현의 기본은 가정에서 가장 먼저 시작해야 한다. 아이가 싫다고 하면 부모가 존중해주어야 아이도 인간관계에서 상대방의 감정과 거절 의사를 존중할 수 있다. 뽀뽀를 해달라거나 아이를 간질일 때 싫다고 하면 즉각 중단하자. 그래야 마음에 들지 않는 말과 행동은 거절하는 것이 자연스러운 일임을 배울 수 있다.

3. 의사 표현을 확실하게 한다

아이가 불편하거나 상처받는 상황에 놓였을 때 무조건 참거나 울지 않고, 자신의 기분과 감정을 말로 표현하는 법을 알려주어야 한다. "그렇게 하지 마, 기분 나빠"라고 의사 표현을 정확하게 하는 아이는 인간관계에서 불필요한 오해와 갈등을 줄일 수 있다. 의사 표현을 했는데도 상대방이 계속 부정적인 반응을 보인다면, 그 자리를 피하거나 신뢰할 수 있는 어른에게 도움을 요청하는 방법도 함께 가르치자.

모든 관계에는 서로가 지켜야 할 '선'이 있다. 이런 기본 원칙을 가르치는 것은 아이가 건강한 인간관계를 맺고 자존감을 유지하는 데 매우 중요한 밑거름이 된다. 상대방이 깎아내리는 말을 할 때 주눅 들지 않고 자신의 입장을 정확하게 표현하는 것을 '긍정적 공격성'이라고 한다. 이 힘을 키우기 위해서는 가정에서 먼저 아이의 의사 표현을 존중해주어야 한다.

아이의 말대꾸에 화를 내는 부모들이 많은데, 사실 아이가 자기 생각을 분명하게 말한다는 것은 그만큼 사고력이 자랐다는 증거다. 그러니 아주 무례하고 버릇없이 행동하는 게 아니라면 아이가 말대꾸를 할 때 속상해하기보다 야무지고 똑 부러지게 의사 표현을 하는 것을 기특하게 여기자.

• TIP •

아이의 독립심을 키워주는
1분 실천법

1. "그거 어디 있어?"라고 물으면 곧바로 들어주지 말고 10초만 기다리자. "어디에 있는지 네가 한번 찾아볼래?" 하는 식으로 스스로 해결할 기회를 주자.

2. 아이가 실수하면 대신 해결해주지 말고 어떻게 하면 좋을지 질문하자. "괜찮아. 그럴 수 있어. 다음에 이런 일이 없으려면 어떻게 하면 좋을까? 한번 생각해볼래?"라고 물어보며 문제 해결력을 키워준다.

3. 스스로 결정하는 것도 연습이 필요하다. 옷, 신발, 간식, 문구 등 사소한 물건부터 아이가 직접 선택하게 해서 자기 결정권을 키워주자.

4. 어려운 과제를 할 때 곧바로 개입하지 말고, 시간이 걸리더라도 스스로 고민할 수 있게 지켜보자. 시행착오를 몇 번 겪다 보면 자신만의 방식을 찾아갈 것이다.

경단녀가 아닌
인생 리셋 중

　　　　　　살다 보면 예상치 못한 상황으로 삶의 방향을 바꿔야 하는 순간이 찾아온다. 기혼 여성에게 가장 흔한 일은 아이 돌봄 문제로 어쩔 수 없이 일을 그만두어야 하는 경우다. 부모님이 더 이상 아이를 봐주지 못할 때, 육아휴직이나 유연 근무제 활용이 불가능할 때, 아이가 아프거나 정서적으로 문제가 생겼을 때 우리는 선택의 기로에 선다.

　일을 계속할 수 있다면 가장 좋겠지만, 그러지 못해도 너무 괴로워하지 말자. 그럴 때는 일을 과감히 내려놓고 아이와 함께하는 것이 더 중요한 선택일 수 있다. 물론 괴롭다. 그래도 받아들이자. 우리는 지금 커리어를 포기하는 것이 아니라, 더 큰 가치를 위해 일상의 방향을 잠시 트는 것뿐이니까.

　이 말은 단순한 위로나 긍정의 주문이 아니다. 아이와 보낼 수 있는 시간은 생각보다 짧지만 그 시간은 평생 잊지 못할 소중한 추억이 된다. 영국의 아동심리학자 스티브 비덜프Steve Biddulph는 이렇게 말했다.

"우리 인생의 몇 년을 아이들에게 내주어도 될 만큼, 우리의 인생은 충분히 길다."

중요한 것은 아이와의 시간을 어떻게 보내고 이후 어떻게 다시 내일로 돌아올 것인가이다.

나에게는 이 선택이 최선이다

직장을 그만두고 육아에 전념하기로 결심했다면 분명 많은 고민을 했을 것이다. 그러니 이 선택이 지금 상황에서 선택할 수 있는 최선이라고 믿어야 한다.

어떤 선택을 하든 100퍼센트 만족할 수는 없기에 시간이 지나면 후회할 수도 있다. 일단 이 시간을 그냥 흘려보내지 말고 아이와 깊은 친밀감을 쌓으며 내 삶을 재정비하는 소중한 기회로 삼자. 몇 년 뒤에 펼쳐질 새로운 인생의 방향을 결정하는 터닝 포인트로 만들자. 그래야 다시 일을 시작할 때 아이가 든든한 지원군이 되어줄 수 있다.

나의 경우, 큰아이가 생후 100일이 되었을 때 지방에 계신 친정 부모님께 아이를 맡겼다. 그러나 건강이 좋지 않았던 부모님은 손주 육아를 힘들어하셨고, 아이는 곁에 없는 부모를 찾으며 울곤 했다. 나 역시 부모님과 아이를 향한 죄책감과 미안함 때문에 하루하루가 괴로웠다. 아이와 부모님 모두 힘들어하는 상황이 계속되니 어느새 나도 무너졌다.

그때 알았다. 누구도 행복하지 않은 삶을 억지로 유지할 필요는 없다는 것을. 그래서 결정했다. 운영하던 회사를 과감히 접고 직접 육아를 하기로 했다. 당시 경제적으로 여유 있는 상황이 아니었기에 지출이 계속 발생하는 상황에서 마음 편히 육아에만 집중할 수는 없었다. 그래도 아이와 함께한 시간은 인생에서 가장 소중한 순간들이었다. 아이를 보며 진심으로 웃을 수 있었고 아이도 그런 나를 보며 함박웃음을 지어 보였다.

행복하고 평화롭던 이 시간은 아쉽게도 오래가지 못했다. 온종일 육아에 매달려 있는 하루하루는 짐작했던 것보다 훨씬 벅찼고, 경제적 부담도 점점 커지면서 스트레스가 쌓여갔다. 아이 용품을 선뜻 결제하지 못하는 날이 많아졌고 착한 남편을 괜히 원망하며 불만에 차서 허우적거렸다.

그렇다고 이때의 시간이 무의미하거나 힘든 기억으로 남아 있는가 하면, 그렇지 않다. 오히려 이 시기에 '내가 어떤 사람인지' 명확히 깨달을 수 있었다. 나는 일을 하면서 성취감을 느끼고 사람들과 관계를 맺으면서 에너지를 얻는, 전형적인 워킹맘 DNA를 가진 사람이었다.

나처럼 '일하는 자아'가 강한 사람이라면, 가능한 한 일을 지속하는 것이 좋다. 당장은 방법이 보이지 않아도 의지가 있다면 길은 반드시 생긴다. 당시에 나는 스스로에게 끊임없이 질문했다. '내가 가장 잘하는 것은 무엇일까?', '나는 언제 가장 신이 날까?', '앞으로 어떤 삶을 살고 싶지?'

이 시간을 통해 나는 사람들 앞에서 마이크를 잡고 이야기하는 것을 좋아하고, 그 일에 자신도 있다는 걸 깨달았다.

마이크를 잡는 직업이 뭐지? 방송인, 강사 등이구나. 그럼 어떻게 하면 강의를 할 수 있지? 나만의 콘텐츠가 필요하겠구나. 나는 어떤 콘텐츠를 잘 만들 수 있을까? 내가 일하는 엄마이고 일에 진심이니, 나처럼 일하는 부모를 위한 콘텐츠를 만들면 어떨까? 이런 시간을 거쳐 설립한 것이 '한국워킹맘연구소'이고, 워킹맘과 워킹대디를 위한 강의를 시작한 지도 어느덧 16년이 되었다.

지금 나는 대한민국 최고의 워킹맘, 워킹대디 전문가로서 대기업과 공공기관 등에서 연간 50회가 넘는 강의를 하고 다양한 방송에 출연하고 있다. 온종일 육아에 시달리느라 몸과 마음이 지쳐 있었던 시기에는 상상만 했던 인생을 살아가고 있다. 육아에 전념하는 동안 내가 원하는 삶이 무엇인지 명확히 알고 그 방향으로 에너지를 최대한 집중했기 때문이다.

그러니 지금 일을 그만둬야 한다면, 너무 힘들어하지 말고 앞으로 보낼 몇 년 동안 다음 인생을 준비하겠다는 마음을 가져보자. 아이는 생각보다 금방 자랄 것이고, 엄마를 찾지 않는 시간도 생각보다 빨리 찾아올 것이다.

· TIP ·

경력 단절 기간 동안
다음 인생을 준비하는 법

1. 일어나면 곧바로 씻는다

집에 있으면 나도 모르게 게을러진다. 외출도 귀찮아져서 좋은 기회가 와도 자꾸 미루게 된다. 이렇게 몇 달만 지나면 피부도, 체형도 망가져서 거울을 볼 때마다 우울해진다.

아침에 일어나면 곧바로 씻고 간단하게라도 화장을 하자. 이것은 단순한 외모 관리가 아니라 하루를 시작하면서 나를 일으켜 세우는 작은 의식이다. 단정하게 관리하고 잠옷을 갈아입는 것만으로도 작은 성취감이 생긴다.

2. 나만의 공간을 만든다

내가 어떤 사람인지 알고 싶다면, 자신을 알아가는 시간이 필요하다. 그런데 집은 혼자 있기 좋은 공간이 아니다. 그래서 자기만의 공간과 시간을 정해두는 것이 중요하다.

나만의 공간이 꼭 내 방일 필요는 없다. 식탁, 베란다, 화장대, 단골 카페의 조용한 구석 자리만으로도 충분하다. 중요한 건 매일 '정해진' 시간에 '고정된' 공간에서 나와 만나는 습관을 들이는 것이다.

3. 아이 친구 엄마가 아닌 사람들과 네트워크를 만든다

육아에 전념하다 보면 인간관계가 자연스럽게 아이 친구 엄마 위주가 되기 쉽다. 그러나 이 관계에만 머물다 보면 대화 주제가 한정되고 자칫 비교와 경쟁으로 시간을 허비할 수 있다. 특히 이전 직장 동료나 업계 사람들은 나의 커리어를 유지하고 복직 이후를 준비하는 데 많은 도움을 얻을 수 있는 소중한 네트워크인 만큼, 가끔 안부를 묻는 정도라도 관계를 유지하자.

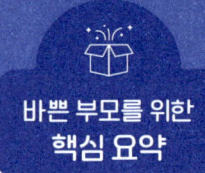

바쁜 부모를 위한 핵심 요약

1. 퇴사하는 대신 성장하기

회사는 나를 지켜주지 않지만 내가 쌓아온 실력, 경험, 전문성은 어디서든 든든한 무기가 된다. 그냥 일하지 말고 나만의 차별화된 키워드로 자신을 성장시키자. 나를 키워줄 사람은 바로 나 자신이다.

2. 커리어도 아이처럼 자란다

일과 육아의 공통점은 강약 조절이 중요하다는 것이다. 아이의 발달 단계에서 특히 집중해야 하는 시기에 신경을 써주면 다른 시기에는 일과 커리어를 좀 더 챙길 수 있다.

3. 워킹맘을 위한 번아웃 탈출법

번아웃은 멘탈이 약해서가 아니라 너무 강해서 온다. 혼자 모든 걸 완벽하게 해내려 애쓰다 보니 마음이 부러진 것이다. 때로는 멈추는 것도 전략이다. 내 몸과 마음이 보내는 신호를 놓치지 말자.

4. 체력이 무너지면 모든 것이 무너진다

쉽게 지치고 흔들리는 멘탈을 지탱하는 진짜 힘은 체력에서 나온다. 틈새 시간을 활용해 운동하고, 잘 먹고 숙면을 취하자. 균형 잡힌 식단까지 챙기면 면역력과 피로 회복에도 도움이 된다.

5. 일하는 엄마가 아이를 단단하게 만든다

우리는 아이를 방치하는 것이 아니라 스스로 자랄 기회를 주고 있는 것이다. 옆에서 모든 것을 챙겨주지 않아도 아이 스스로 필요한 것을 채우며 독립성과 생존력을 키워갈 수 있다.

6. 스스로 자라는 아이들

부모가 평생 아이를 지켜줄 수 없고 아이 앞에 놓인 장애물도 모두 치워줄 수도 없다. 우리가 해야 할 일은 아이가 직접 자기 자신을 보살피고 독립심과 자주성을 키워갈 수 있도록 도와주는 것이다.

7. 경단녀가 아닌 인생 리셋 중

일을 그만둬야 하는 상황에 처한다면 '집에 있는 시간'을 다음 인생을 준비하는 시간으로 활용해보자. 인생 전체로 보면 앞으로 어떤 삶을 살 것인가를 대비하는 것도 매우 중요하다.

아이 인생은
열 살 전에 결정된다

5세까지는
아이 물건에
돈을 쓰지 말자

"영유아 시기에는 아이에게 돈 많이 쓰지 마세요."

강연장에서 이렇게 말하면 손을 번쩍 드는 엄마들이 많다.

"소장님, 요즘 시대는 달라요. 두세 살 때부터 뭐라도 안 시키면 뒤처질 것 같다면서 다들 학원부터 보내요."

맞는 말이다. 이러한 현실은 현장에서 일하는 내가 누구보다 잘 알고 있다. '4세 고시'니 '초등 의대반'이라는 말이 등장할 정도로 우리나라 사교육 경쟁은 치열하다. 기저귀를 찬 아이도 엄마와 떨어져 분리 수업을 받을 수만 있다면 영어유치원 준비반에 들어간다.

교육부의 '2024 유아 사교육비 시험조사'에 따르면, 6세 미만 영유아의 3개월간 사교육비 총액은 무려 8,154억 원. 출생아 수는 줄고 있지만 사교육비는 해마다 증가하고 있다. 특히 눈여겨봐야 할 점은, 5세 아이들의 사교육 참여율이 무려 81.2퍼센트에 달한다는 사실이다.

이쯤 되면 조기교육은 거의 의무처럼 느껴진다. 주변 아이들은 다들 알파벳과 덧셈 뺄셈을 익힌다는데 우리 아이만 매일 놀이터에서 신나게 노는 모습을 보고 있으면 불안하고 초조한 것도 당연하다.

그럼 조기 사교육 시장을 한 번 살펴보자. 대체 규모와 비용이 어느 정도일까? 반일제 영어유치원의 월 평균 수업료는 154만 원. 강남의 어느 영어유치원은 '상위 5퍼센트 영재교육원 결과지'를 제출해야 입학시험을 치를 자격이 생긴다고 한다. 여기에 셔틀버스, 방과후 수업까지 포함하면 월 265만 원. 전집, 교구, 학습지를 더하면 월 400~500만 원을 가볍게 넘어선다.

이것이 '우리 아이가 뒤처지지 않으면 좋겠다'라는 절박함의 비용이다. 물론 경제적으로 여유가 있다면 원하는 교육을 시키는 것을 누가 뭐라 할까. 하지만 대다수 평범한 가정에서 사교육 하나에 이렇게 많은 돈을 쓰는 것은 가장 빠르게 집안을 무너뜨리는 길이다.

돈보다 더 큰 문제는 이 노력이 빛을 보기도 전에 아이의 정신 건강이 먼저 무너질 수 있다는 점이다. 다른 아이들보다 똑똑하게 키우고 싶다는 부모의 욕심이 돈 낭비에 아이 망치기로 이어질 수 있는 것이다.

조기교육보다 중요한 정서 발달

"5세 이전에 과도한 선행 학습을 할 경우, 뇌 발달에 오히려 악영향을 미칩니다."

전문가들도 이러한 현실이 얼마나 위험한지 한목소리로 경고한다. 아직 미성숙한 뇌가 너무 이른 시기에 학업 스트레스를 과도하게 받을 경우 우울, 불안, 분노조절 장애로 이어질 가능성이 높다. 특히 시카고 노스웨스턴 대학의 정신의학과 교수이자, 아동 트라우마 아카데미의 선임 연구원인 브루스 페리Bruce D. Perry는 "정서적 유대가 약하거나 스트레스 상황에 반복 노출되는 유아는 뇌의 전전두엽과 해마 발달이 지연되고 충동조절, 집중력, 공감 능력에 문제가 생길 수 있다"라고 강하게 말한다.

굳이 세계적 전문가의 말을 인용하지 않아도, 사교육 1번지로 손꼽히는 강남을 보면 알 수 있다. 학원 수만큼 많은 것이 소아정신과이고 강남 3구에 거주하는 9세 이하 아동의 우울 및 불안 관련 건강보험 청구 건수는 최근 5년간 세 배 이상 증가했다는 건강보험심사평가원 통계도 있다. 이런 현상이 강남에만 국한되지 않고 수도권 여러 지역으로 번져가고 있다는 점에서, 엄마의 한 사람으로서 무척이나 안타깝고 씁쓸하다.

말과 행동은 물론 옷차림이나 세상을 바라보는 관점도 자기 나이에 맞아야 자연스럽다. 사실 우리는 알고 있다. 한창 놀아야 하는 나이에 학원 순례를 하는 아이가 얼마나 힘들지. 어쩌면 애써 외면하고 있는지도 모른다. 우리의 어린 시절이 그랬듯, 영유아 시기에는 아무 걱정도 불안도 없이 부모 품에 안겨서 웃고 어리광을 부리고 사고도 치면서 마음껏 세상을 탐험해야 한다.

우리 뇌는 생명을 좌우하는 뇌간, 감정을 담당하는 변연계, 사고하고 생각하는 대뇌 피질이라는 세 개의 층으로 이루어져 있다. 이 중에서도 감정을 담당하는 변연계가 제대로 형성되어야 이후 논리적이고 창의적인 사고를 문제 없이 할 수 있다.

하버드대 뇌발달센터의 연구 결과 역시 "영유아기에 받은 따뜻한 돌봄과 애착 형성이 스트레스 조절 회로를 안정시키고, 이 회로가 이후 학습과 사회성의 기반이 된다"라고 밝히고 있다.

조기 사교육이 무조건 나쁘다는 말을 하려는 것이 아니다. 사교육 자체를 부정할 생각도 없다. 나 역시 '이건 미리 시켰으면 더 좋았겠다' 하며 아쉬워한 부분이 있다. 내가 정말 하고 싶은 말은 단 하나, 과유불급이다. 무엇이든 지나치면 반드시 탈이 난다. 아이의 나이와 발달 시기에 맞게 자랄 수 있도록 지켜보는 것만큼 좋은 양육은 없다. 영유아 시기에 아이에게 필요한 건 비싼 교구나 알파벳 단어장이 아닌, 엄마 아빠와 쌓는 친밀한 관계이다.

물건 대신 경험에 돈을 쓰자

이 시기에 아이에게 꼭 투자해야 할 것을 꼽자면 학원비, 학습비, 육아용품이 아니라 '경험비용'이다.

경험비라고 하면 여행을 떠올리는 부모들이 많은데, 아이가 어릴 땐 굳이 해외여행이나 먼 곳까지 갈 필요가 없다. 도서관에서 같이 책을 고르고, 어린이 뮤지컬을 보고, 주말에 가까운 교외로 나들이를 가는 것만으로도 충분하다. 엄마 아빠와 함께 만든 행복한 기억들이 아이 마음속에 차곡차곡 쌓여, 평생을 살아가는 힘이 되어준다.

그러니 아이에게 하소연하듯 "엄마가 못한 걸 네가 해줘"가 아니라 "엄마가 어릴 때는 못 해봤으니 함께 해보자"라고 말해주자. 특히 시간이 부족한 워킹맘이라면 물질적 보상보다 매일 10분이라도 온 마음을 다해 함께 보내는 시간을 더 중요하게 여기자. 하루 10분이 쌓이고 쌓여 아이의 내면을 단단하고 건강하게 지켜준다. 간혹 영어유치원을 보내지 못한다고 아이에게 미안해하는 부모들이 있는데, 절대 미안해하지 말자. 옆집 아이는 우리 아이가 아니고 나는 옆집 부모가 아니다. 남의 집과 우리 집을 비교하지 말고 지금 내 아이의 마음이 어떠한지, 무엇에 관심을 가지고 무엇을 필요로 하는지 알려고 노력하자. 이것이야말로 아이를 똑똑하고 지혜롭게 키우는 지름길이다.

부모는
친구가 아니다

"아이에게 어떤 부모가 되고 싶으세요?"

이렇게 질문하면 많은 부모들이 "친구 같은 부모"라고 대답한다. 친구처럼 편안한 부모가 되고 싶다는 뜻일 것이다. 특히 어린 시절 무섭고 권위적인 부모 밑에서 자란 경우일수록 친구 같은 부모 자녀 사이를 원한다.

특히 워킹맘들은 아이에게 늘 미안한 마음을 가지고 있다 보니 떼를 쓰거나 버릇없이 굴어도 쉽게 넘어가는 경우가 많다. 함께 있는 시간도 부족한데 그 시간에 굳이 혼을 내기가 미안하기도 하고, 혹시 엄마를 싫어하면 어쩌나 걱정되기 때문이다. 그러다 보니 훈육보다는 주로 달래는 쪽을 선택하게 되고, '좋은 엄마'가 되어야 한다는 압박감 때문에 아이에게 맞춰주는 경우도 많다.

하지만 아이의 기분을 자꾸 맞춰주다 보면, 아이는 부모를 자신과

동급으로 인식한다. 게다가 가정에서 부모에게 보이는 태도를 바깥에서도 반복한다. 가정에서 어른에게 지시와 훈육을 받지 않으면 학교나 사회에서도 교사나 어른의 지시에 순응하지 않는다.

친구 같은 부모. 듣기엔 좋아 보이지만 사실 이 말에는 기준도, 경계도 없는 위험한 관계가 내포되어 있다. 부모는 어른이고 양육자이지 친구가 아니며, 부모와 자녀는 친구처럼 동등한 관계가 되어서도 안 된다. 아이는 부모라는 창을 통해 세상을 배우고, 세상과 어울려 살아가는 법을 배운다. 그런데 훈육도 규칙도 질서도 없다면 아이가 무슨 약속과 경계와 예의를 배울 수 있을까. 작은 불편이나 좌절도 견디지 못하는 안하무인으로 자란다. 그러니 어릴 때일수록 아이에게 넘지 말아야 할 선을 확실히 알려주어야 한다.

좋은 부모는 아이가 아무리 힘들어해도 가르쳐야 할 도리와 이치는 확실하게 가르친다. 엄마를 싫어할까 봐, 혹은 아이가 상처받을까 봐 훈육을 미루거나 생략한 대가는 온 사회가 함께 치러야 한다. 내 아이가 공감 능력, 자기조절 능력, 인내심이 결여된 채 사회에 나가서 제멋대로 행동하며 타인에게 민폐를 끼치기를 바라는 부모는 단언컨대 없을 것이다. 실제로 강연장에서 만난 한 워킹맘이 이런 고백을 한 적이 있다.

"애한테 미안해서 한 번도 혼을 낸 적이 없어요. 그런데 애가 어느 순간부터 제 말을 무시하고, 말끝마다 비아냥거리는 걸 보고 충격을 받았어요."

이미 늦었다고 후회하지 말고, 지금부터라도 부모의 권위를 회복하기 위해 노력하자.

부모의 권위를 되찾는 올바른 훈육법 3

첫째, 아이의 눈물에 흔들리지 말자. 훈육을 못하는 부모들은 아이의 눈물에 특히 약하다. 아이의 행동을 제지하거나 지적을 하다가도 눈물을 흘리면 곧바로 허락하거나 황급히 사과하는 경우도 많다. 그런데 이런 경험이 쌓이다 보면 아이는 부모를 자기 마음대로 통제할 수 있다고 생각해 수시로 부모를 조종하려 든다. 아이를 위해서는 좌절과 실망, 아픔을 느끼고 스스로 해소하는 경험도 필요하다. 속상해하는 마음에는 공감하되 기준은 흔들지 말자.

둘째, 야단치는 것을 두려워하지 말자. 소소한 실수에도 아이를 몰아세우고 혼내는 행동은 지양해야 하지만 잘못했을 때 따끔하게 혼을 내는 일은 올바른 성장을 위해서 반드시 필요하다. 단, 아이가 무엇을 잘못했는지 명확하게 인지시킨 다음 야단을 치고, 아이가 반성하는 태도를 보이면 따뜻하게 안아 마음을 다독여주자.

셋째, 훈육을 장난처럼 하지 말자. 아이를 야단칠 때 장난하듯 혼을 내는 부모들이 있는데 이런 행동이 버릇없는 아이를 만들 수 있으니 주의해야 한다. 아이가 잘못을 했을 때는 단호한 태도로 훈육을 해서 부모는 내 기분에 따라 함부로 대해도 되는 사람이 아니라는 사실을 인식시켜야 한다.

 넷째, 아이와 친해지겠다고 무리수를 두지 말자. 간혹 아이와 친해지거나 점수를 따려고 배우자 몰래 육아 원칙을 어기는 경우가 있다. 양치질을 했는데 간식을 주거나 약속한 날이 아닌데 게임을 허락하면서 "쉿! 비밀이야" 하는 행동은 하지 말자. 이런 일이 반복되면 아이가 한쪽 부모를 무시하거나, 일관되지 않은 규칙 때문에 혼란을 느낄 수 있다. 부부가 함께 육아 원칙을 정했다면 어떤 상황에서든 그 원칙을 지키도록 가르쳐야 한다.

하루 10분으로
아이 마음을 얻는 법

일하는 엄마들의 가장 큰 고민 중 하나는 아이와의 애착 문제이다. 하루 대부분을 아이와 떨어져 지내다 보니 '내가 충분히 사랑을 주고 있나? 혹시 애착 형성에 문제는 없을까?' 싶어 자주 불안하고 조급해진다. 하지만 너무 걱정하지 말자. 부모와 아이의 애착을 좌우하는 것은 '시간의 총량'보다 '정서의 밀도'이기 때문이다.

우리는 하루 중 언제 가장 바쁠까? 출근 전과 퇴근 후다. 특히 퇴근 후에는 '다시 집으로 출근한다'고 말할 만큼 워킹맘에겐 이 시간이 고되고 지친다. 강연을 하면서 이때가 아이와 애착을 형성할 골든타임이라고 강조하면 불안해하는 엄마들이 많은데, 대다수 워킹맘들이 퇴근 후에도 아이와 느긋한 시간을 보낼 틈이 없을 만큼 바쁘다는 반증일 것이다.

온 집 안을 돌아다니며 정신없이 일하는데 아이가 "엄마, 이것 봐!", "엄마, 있잖아. 오늘 내가…….." 하면서 졸졸 따라다니면 자신도 모르게 버럭 소리를 지르기도 한다. "엄마 지금 바쁜 거 안 보여? 가서 놀고 있으라고 했지! 숙제 다 했어?"

아마 하루 종일 엄마만 기다렸을 아이에게 이런 반응은 무척이나 서운하고 속상할 것이다. 엄마에게 하고 싶은 말도, 보여주고 싶은 것도 많을 텐데 엄마가 웃지도 않고 바쁘다는 말만 하니까. 이런 상황에서 어떤 아이들은 엄마의 사랑을 확인받기 위해 더 집요하게 엄마를 따라 다니거나, 일부러 말썽을 피우기도 한다. 이런 행동이 '엄마, 나 좀 봐줘'라는 본능이라는 것을 알고 있지만, 우리도 사람이기에 마음의 여유가 없는 날에는 말이 곱게 나가지 않는 것도 사실이다.

그래서 우리가 알아야 할 것은 단 10분이라도 밀도를 가득 채워서 아이와 시간을 보내는 법이다. 건성으로 보내는 한 시간보다 온몸으로 교감하는 10분이 아이와 엄마 모두에게 훨씬 많은 행복감을 준다.

하루 10분으로 충분한 애착 행동 3

1. 입꼬리 올리기

현관문을 열기 전, 일부러라도 입꼬리를 올려보자. 미소를 짓는 것만으로도 뇌에서 행복 호르몬이 분비된다. 감정 에너지를 전환한 뒤 집에 들어가면 아이에게도 자연스레 다정한 말이 나온다.

2. 꼭 안아주기

아이를 꼭 안아주며 "우리 ○○이 너무 보고 싶어서 엄마가 빨리 뛰어왔어"라고 말해보자. 이것만으로도 아이는 깊은 사랑과 안정감을 느낀다.

3. 눈을 바라보며 대화하기

집안일을 잠시 미루고, 아이와 눈을 마주보며 대화해보자. 엄마는 주방에서 아이는 거실에서 목소리만으로 대화하는 것보다, 서로의 눈을 보며 대화하면 마음을 훨씬 잘 전달할 수 있다.

이 세 가지를 위해 필요한 것이 있다. 바로 엄마의 체력이다. 아이와 함께 보내는 저녁 시간을 감당할 에너지가 충분해야 이성적으로 판단하면서 아이를 보살필 수 있다. 그래서 나는 강연 때마다 엄마들에게 한 가지를 꼭 내려놓자고 권유한다. 바로 '엄마가 직접 만든 집밥을 먹여야 한다'라는 의무감이다.

퇴근 후 힘들게 저녁을 차렸는데 아이가 잘 먹지 않으면 금방 짜증이 올라온다. 그런데 아이가 밥을 안 먹는 이유는 생각보다 단순하다. 맛이 없기 때문이다. 매일 짧은 시간에 서둘러 저녁을 준비하다 보면 자연스레 같은 메뉴가 중복되어 아이들은 금방 싫증을 낸다. 그러니 매번 밥을 직접 해줘야 한다는 압박감을 내려놓자.

반찬이나 국 정도는 사서 먹여도 괜찮다. 요즘은 건강한 식재료로 만든 반찬가게도 있고, 원하는 반찬을 정기 구독할 수도 있다. 중요한 건 식사 메뉴보다 아이와 함께 보내는 시간이다. 짜증을 내며 요리한 음식을 억지로 먹이기보다는, 구입한 반찬으로 아이와 함께 상을 차리며 행복한 시간을 보내는 것이 아이의 건강에 훨씬 좋다.

하루를 행복하게 시작하면 평생이 달라진다

'아침 한 시간이 하루의 기분을 결정한다' 라는 말이 있다. 우리의 아침 시간은 어떤 모습일까? 출근 준비와 아이 등교 준비가 겹치는 그 시간, 우리는 웃으며 함께 움직이고 있을까 아니면 고성과 짜증 속에서 아침마다 전쟁을 치르고 있을까?

나는 아이들이 등교할 때 어떤 기분일지를 가장 먼저 살핀다. 우리도 그렇지만 아이들 역시 등교할 때 기분이 좋지 않으면 그날 하루가 별로라는 걸 알고 있기 때문이다. 그래서 아침에는 짜증이 나거나 화가 나도 가급적 참으려고 한다. 물론 말처럼 쉽지는 않다. 두 아들이 모두 사춘기였을 땐 '이러다 정말 내 몸에서 사리가 나오는 건 아닐까?' 싶을 때도 많았다.

실제로 여러 심리학 연구에 따르면 아침의 감정 상태가 그날 하루 전체의 기분과 행동에 큰 영향을 미친다고 한다. 특히 미국 UCLA 심리학과의 셸리 테일러Shelley E. Taylor 교수는 아이가 어릴수록 감정의 여운이 지속되기 때문에 아침에 부모와 어떤 대화를 나누고 어떤 기분으로 하루를 시작했느냐가 하루의 질을 좌우한다고 강조한다.

하지만 아침마다 전쟁을 벌이는 것이 우리의 현실이다. 특히 워킹맘의 아침은 1분 1초가 급박하다. 아이를 다정하게 깨우거나 스스로 옷을 입을 때까지 기다려줄 여유 같은 게 있을 리 없다.
"빨리 일어나! 안 일어나? 야! 엄마 늦었다고 했지!"
그나마 아이가 어릴 땐 칭얼대더라도 일어나지만, 사춘기 아이들은 금세 짜증을 낸다.
"아 쫌! 아까 일어났다고! 짜증 나!"
아침부터 가족에게 짜증과 불만이 가득한 잔소리를 들으면 누구라도 기분이 상한다. 여기서 한마디라도 더 나가는 순간 엄마의 아침도 아이의 아침도 엉망이 되어버린다. 이렇게 감정이 상한 상태에서 아이들이 아침밥을 먹을 리 없고, 기분 좋게 학교에 갈 리도 없다. 학교에 가서는 친구들에게 예민하게 반응하거나 수업에 집중하지 못할 수 있다. 실제로 미국 심리학협회의 보고서에 따르면, 아침에 안정된 정서로 하루를 시작한 아이들이 수업 집중력, 사회성, 감정 조절 등 다양한 면에서 훨씬 더 우수한 결과를 보였다.

· TIP ·

바쁘지만 행복한
아침 시간 만드는 법

1. 내 일을 먼저 끝낸다
마음의 여유가 없으면 아이에게 다정하게 대하기가 어렵다. 기본적인 출근 준비를 먼저 해두고 아이를 깨워보자. 엄마의 작은 여유가 아침 풍경을 바꾼다.

2. 일어나기 싫은 마음을 인정해준다
아이를 깨울 때 일부러라도 밝은 목소리를 내어보자. 그 에너지가 아이에게 고스란히 전달된다. "더 자고 싶은 건 알아"라는 공감의 한마디가 아이의 저항감을 줄여준다.

3. 가벼운 스킨십은 생각보다 강력하다
"잘 잤어?", "오늘도 좋은 하루 보내자", "오늘따라 멋있어 보이네."
부모의 사랑이 담긴 말을 전할 때 가벼운 스킨십도 함께 건네보자.
아이가 어리다면 꼭 안아주고, 청소년이라면 머리를 쓰다듬거나 등을 토닥여주는 것도 좋다. 소소한 행동 하나가 아이에게는 큰 정서적 안정감을 준다.

혼자 놀아도
괜찮다

아이가 혼자 노는 모습을 보면 대부분의 부모들은 미안함과 죄책감을 느낀다. 그렇다고 항상 같이 놀아주자니 당장 해야 할 일들이 눈앞에 쌓여 있고 체력도 따라주지 않는 경우가 많다. "엄마하고 같이 놀자"라는 한마디가 곧바로 나오지 않는 이유다.

현실이 이렇다 보니 우리는 아이의 무료함을 채워줄 방법으로 태블릿 PC나 스마트폰을 쉽게 허락한다. 아이가 깔깔 웃거나 무언가에 재미를 느끼는 모습을 보면 '그래도 즐거워하니 다행이네' 하는 생각에 잠시나마 안도한다.

오늘부터 아이가 혼자 놀아도 미안해하거나 죄책감을 갖지 말자. '심심함을 견디기'도 아이에게 꼭 필요한 경험이기 때문이다. 지루한 시간이 이어지면 아이는 뭘 하고 놀지 스스로 찾아낸다. 지루함을 견디는 힘을 배우고 뭘로 시간을 보낼지 상상하면서 직접 놀이를 만들어내기도 한다. 이것저것 해봐도 지루하면 낮잠이라도 잔다. 잠은 스트레스를 풀고 체력을 회복하며 성장에도 도움이 되니 이 또한 아이에게는 좋은 시간이다.

우리는 종종 혼자 노는 아이를 '안쓰럽다', '외롭겠다'라고 쉽게 단정 짓는다. 하지만 아이에게 심심한 시간은 자유롭게 상상하고 세상을 탐색하는 아주 소중한 기회일 수 있다. 놀아줄 수 있을 때는 단 10분이라도 최선을 다해 놀아주되, 시간이 없을 때는 이렇게 말해주자. "엄마가 지금은 저녁 준비해야 하니까 혼자 놀고 있어."

중요한 건 혼자 있는 아이를 바라보는 부모의 시선과 태도다. 오히려 혼자서도 즐거운 시간을 보내는 사람으로 자라는 것은 요즘 시대에 굉장한 경쟁력이 되어준다.

〈저널 오브 플레이 테라피 Journal of Play Therapy〉에 따르면 주기적으로 혼자 노는 아이들은 감정 표현이 더 풍부하고, 친구와의 갈등 상황에서 문제를 해결하는 능력이 더 뛰어난 것으로 나타났다. 혼자 노는 시간이 '방치'가 아니라 내적 성장을 도와주는 '독립된 시간'이 될 수 있다는 뜻이다.

물론, 무조건 혼자 둔다고 좋은 결과가 나오는 건 아니다. 아이가 혼자 노는 동안에도 '엄마 아빠가 나를 지켜보고 있어. 나를 존중해주고 있어'라고 느껴야 긍정적인 경험으로 각인된다.

나는 엄마들에게 조금 부족하게 키워도 괜찮다는 말을 자주 해준다. 어떻게 아이가 원하는 것을 100퍼센트 다 들어줄 수 있는가. 그런 인생이 존재하지도 않기 때문에 우리가 모든 걸 채워줄 수 없다는 사실을 먼저 인정해야 한다. "제대로 챙겨주지 않은 것이 나중에 아이에게 상처가 되면 어쩌죠?" 하며 걱정하는 부모들도 있지만 대다수 아이들은 일상의 결핍으로 그렇게까지 상처받지 않는다. 오히려 지금 시대에는 기다림을, 부족함을, 아쉬움을, 심심함을 참는 경험이 더 많이 필요하다. 그렇다고 일부러 결핍을 만들 수는 없으니 일상에서 자연스럽게 생기는 빈틈을 잘 활용하자. 이 틈은 두려움의 대상이 아니라 오히려 아이를 성장시킬 수 있는 기회다.

• TIP •

혼자서도 잘 노는 아이로 키우는 법

1. 따뜻한 시선으로 바라보기
'혼자서도 잘 노네' 하고 무심히 지나치지 말고 아이가 노는 모습을 따뜻하게 바라보자. 중간에 한 번씩 "이건 무슨 놀이야?", "우와, 멋지다!" 하고 관심을 보여주면 아이는 혼자 노는 시간도 '엄마와 연결된 시간'으로 인식한다.

2. 안전한 환경 만들어주기
장난감이 안전한지, 혹시 다칠 수 있는지 미리 확인하자. "엄마 저기 있을 테니까 필요하면 엄마한테 와" 하는 말도 잊지 말자. 마음만 먹으면 언제든 엄마에게 갈 수 있다는 신뢰감을 주는 것도 매우 중요하다.

3. 아이 앞에서 스마트폰 금지
아이에게는 혼자 놀라고 말해놓고 그 앞에서 스마트폰을 보지 말자. 아이 눈에 엄마의 이런 행동은 무관심한 모습일 뿐이다. 아이를 혼자 놀게 할 때 가장 중요한 것은 '방치되어 있다'고 느끼지 않게 하는 것이다.

열 살 이전까지
인생의 기본기를
가르치자

나는 두 아들이 돌이 되기 전부터 어린이집에 보냈다. 두 아들이 자라는 동안 나보다 선생님이나 또래 친구들과 지내는 시간이 훨씬 많았기에 개인적으로는 기본 인성 문제로 말썽을 일으키는 일이 없도록 훈육하는 데 신경을 많이 썼다. 특히 열 살 전후는 사회적 규범과 타인을 배려하는 법을 배우는 결정적 시기임을 잊지 않으려 했다.

우리 아이가 어딜 가든 사랑과 인정을 받는 사람으로 자라길 바라는 마음은 모두 마찬가지일 것이다. 하버드대 인간발달센터의 연구에 따르면, 어린 시절 형성된 도덕성은 성인이 되어서도 정직함, 책임감, 배려심을 유지하는 데 지대한 영향을 준다고 한다. 코넬대의 연구에 따르면 8세 이전에 사회적 규칙과 매너를 배운 아이들은 청소년 시기에도 긍정적인 또래 관계를 형성하고, 학교생활에 잘 적응하는 것으로 나타났다.

이처럼 예의범절은 단순한 도덕 교육을 넘어, 아이의 '사회적 지능'을 키워주는 핵심 경쟁력이다. 어릴 때 예의범절을 익힌 아이는 다양한 사회적 관계에서 신뢰를 얻고, 사랑과 인정도 자연스레 받는다. 이를 통해 인간관계에서 긍정적 경험을 많이 하면 어느새 '나는 소중한 존재'라고 인식하게 되니 단단하고 건강한 자존감이 저절로 자리할 수밖에 없다.

그렇다면 부모가 10세 이전까지 반드시 가르쳐야 하는 예절은 무엇인지 알아보자.

• 대화할 때는 상대방에게 집중하기

누군가와 대화를 할 때는 상대방에게 집중하는 자세를 가르쳐주자. 상대방이 말을 하는데 딴짓을 하거나 스마트폰을 보는 등 무관심하다는 인상을 주는 행동은 자제시킨다.

• 식사 예절은 기본 중의 기본이나

밥을 먹으면서 트림을 하거나 반찬 뒤적거리기, 입에 음식물을 넣은 상태에서 말하기, 국물을 시끄럽게 후루룩 소리 내며 마시기, 좋아하는 반찬을 혼자 먹으려 하기 등은 함께 식사하는 사람을 불쾌하게 만들 수 있다는 걸 알려주자. 식사 전후로 "잘 먹겠습니다", "잘 먹었습니다" 하고 인사하도록 가르치는 것도 잊지 말자.

- **다른 사람의 물건은 허락받고 사용하기**

아무리 친한 친구나 가족의 물건이어도 쓰고 싶을 땐 반드시 물어보고 허락을 받은 다음 쓰도록 가르치자. 다 쓰고 돌려줄 때는 고맙다는 인사도 꼭 하도록 알려주자.

- **공공장소에서 예의 지키기**

집 밖으로 나서는 순간부터 우리가 다니는 모든 곳은 다른 사람들과 함께 쓰는 공간임을 알려준다. 특히 도서관, 병원, 식당, 마트, 지하철, 버스, 엘리베이터 등에서는 큰 소리로 떠들거나 뛰는 등 타인에게 불편을 주는 행동을 하지 않도록 알려주자.

- **줄 서기**

설명이 필요 없는 가장 기본적인 질서이자 배려다. 줄 서기를 통해 차분하게 기다리는 법을 알려주자.

- **인사하기**

안녕하세요, 감사합니다, 죄송합니다. 미안해, 고마워. 이 다섯 가지만 적재적소에 할 수 있어도 많은 갈등과 싸움을 막을 수 있다. 상황에 맞는 인사는 그 자체로 예절의 기본이자 인간관계의 시작이다. 특히 경비 아저씨, 택배 노동자, 식당 종업원 등 하루에도 몇 번씩 마주치는 이웃들에게 예의 바르게 인사하도록 가르치자.

- **문을 열기 전 반드시 노크하기**

우리 집이든 친구 집이든, 다른 사람의 개인 공간에 들어갈 땐 반드시 노크하고 허락을 구해야 한다는 걸 알려주자. 특히 친구 부모님이 집에 계시지 않은 상황에서는 친구 집에 놀러 가지 않도록 지도하자. 만약 방문한다면, 안방 등 다른 가족의 방에는 절대 들어가지 않도록 주지시키자.

- **분리수거 및 올바른 쓰레기 처리법 익히기**

자신이 먹은 과자나 아이스크림, 음료수 등은 반드시 분리수거를 정확하게 하도록 가르치자. 요즘은 학원, 편의점, 놀이터 등에서 간식을 먹은 뒤 쓰레기를 그대로 두고 나오는 경우가 많은데, 반드시 절차대로 직접 치우는 법을 알려주어야 한다. 작은 쓰레기라도 길에 함부로 버리지 않도록 가르치는 것도 중요하다.

"꼭 그렇게까지 가르쳐야 하나요?"

누군가는 이렇게 말할지도 모른다. 그렇다. 반드시 가르쳐야 한다. 기본 예절을 가르치는 것은 학교에서 좋은 성적을 받는 것보다 훨씬 중요하다. 그래야 아이도 사회에서 존중받으며, 다양한 사람들과 건강한 관계를 맺고 조화롭게 살아갈 수 있다.

이러한 예절은 한두 번 말로 알려준다고 해서 곧바로 몸에 익숙해지지 않는다. 무의식 중에 나오는 습관이기 때문이다. 일상에서 매일 반복해야 아이 몸에 자연스럽게 스며들고, 기본 매너로 체화된다. 이렇게 되기까지 가장 중요한 것은 부모의 말이 아니라 먼저 보여주는 행동이다.

철학자 임마누엘 칸트는 "예의는 인간의 존엄성을 표현하는 형식이다"라고 말했다. 어릴 때부터 예절을 가르치는 것은 사회 구성원의 한 사람으로서 가장 기본적인 품격을 심어주는 일이다. 아이와 보내는 시간이 부족해도 기본적인 예의범절만 잘 가르쳐준다면 아이는 어떤 상황에서든 당당하고 품위 있게 자신과 주변을 지킬 수 있는 사람으로 성장할 것이다.

• TIP •

부모가 보여주는
일상 속 예절 교육

1. 빨간불일 땐 절대 횡단보도 건너지 않기

차가 안 오니까 괜찮아, 여긴 도로가 짧아서 괜찮아, 바쁘니까 그냥 가자……. 아이와 횡단보도를 건널 때 하는 행동을 아이는 고스란히 따라 한다. 요즘은 자전거나 킥보드 사고도 많은 만큼, 교통질서를 잘 가르치는 것도 중요하다. 특히 빨간불일 때 그냥 건너는 모습은 '상황에 따라 규칙을 무시해도 된다'라는 왜곡된 메시지를 주는 셈이다.

2. 우리 집에 방문하는 사람을 정성껏 대접하기

아이의 친구, 친척, 이웃뿐 아니라 택배 기사님, 가전제품 설치 기사님 등 우리 집을 방문하는 사람이라면 누구에게든 정중하게 대접하는 모습을 보여주자. 상대방의 나이와 직업을 떠나 사람을 대하는 기본 태도를 배우는 좋은 기회가 된다.

3. 뒷사람을 위해 문이나 엘리베이터 잡아주기

문을 여닫을 때 뒤에 누가 있는지 살펴보고 잠시 문을 잡아주거나, 엘리베이터 문이 닫히려 할 때 멀리서 달려오는 사람을 위해 '열림' 버튼을 눌러주는 행동은 다른 사람의 상황을 배려하는 공감 능력을 길러준다.

상대방이 "감사합니다"라며 미소로 화답하면 아이는 자신이 누군가에게 도움을 주었다는 사실에 뿌듯함을 느끼고, 또다시 타인을 돕고 싶어지는 따뜻한 마음을 갖게 될 것이다.

매일
존중받는 아이일수록
자존감이 높아진다

종일 아이와 함께 있을 때, 엄마 아빠를 부르는 소리를 몇 번이나 듣는가? 신기하게도, 아이들이 부모를 찾는 횟수는 연령에 따라 눈에 띄게 달라진다. 초등학교 저학년 이하의 자녀를 둔 부모들에게 질문하면 대부분 "수십 번이요", "수백 번이요", "셀 수가 없어요", "귀에서 피가 날 것 같아요", "제발 저를 그만 좀 찾았으면 좋겠어요"라고 답변한다. 그런데 초등학교 고학년 이상 자녀를 둔 부모에게 같은 질문을 하면 전혀 다른 답변이 돌아온다.

"글쎄요…… 두 번 정도 될까요?"

그러면 다른 엄마들이 깜짝 놀란다.

"어머, 그렇게 많이 불러요?"

이게 현실이다. 아이들은 자랄수록 부모를 찾지 않는다. 이유는 간단하다. 엄마 아빠를 부르는 횟수는 '사랑의 감정'과 정비례하기 때문이다. 아이들이 부르는 "엄마!", "아빠!"는 단순한 호칭이 아니라 "사랑해요", "보고 싶어요", "나를 봐줘요"라는 의미이다. 우리는 아이들이 평생 부모를 찾을 거라 생각하지만, 아이들이 부모를 부르는 시기는 생각보다 짧다. 길어야 10년 남짓이니 아이가 나를 찾는다고 "그만 좀 불러!"라고 다그치지 말자. 언젠가는 그 소리가 미치도록 그리워지는 순간이 올 테니 말이다.

그럼 가정에서 아이의 자존감을 높여줄 수 있는 방법에는 무엇이 있을까? 아래 내용을 참고하자.

1. 아이와 눈맞춤하기

아이가 다가와서 우리를 부를 때, 하던 일을 멈추고 아이의 눈을 바라본다면 정말 잘하고 있는 것이다. 하지만 대부분은 그렇게 해야 한다는 걸 머리로는 알면서도 자주 시간에 쫓기다 보니 무심결에 "뭐?", "왜?", "빨리 말해" 같은 반응이 튀어나온다. 그러면 아이도 "됐어" 하고 얼버무린다. 그러면 다시 아이를 다그친다. "불렀으면 말을 해야지, 왜 말을 안 해!"

한 번 생각해보자. 아이는 왜 말을 하려다 멈췄을까? 엄마가 내 이야기에 관심이 없다고 느꼈기 때문이다. 상황을 바꿔, 퇴근한 남편에게 "여보, 오늘 있잖아" 하면서 말을 꺼냈는데 남편이 쳐다보지도 않고 "뭐?", "왜", "빨리 말해!" 하면 기분이 어떨까?

아이도 똑같다. 관심이 없다고 느끼는 순간 마음의 문을 닫아버린다. 그러니 아이가 "엄마" 하고 부르면, 일단 하던 일을 멈추고 아이의 눈을 바라보며 다정하게 대답해보자. 이때 가장 중요한 건 '눈맞춤'이다. 생각보다 많은 부모가 하루를 마감할 때까지 아이와 단 한 번도 눈을 마주치지 않는다. 우리는 아이와 '대화'를 하기보다 일방적으로 '말'을 건네기 때문이다.

생각해보자. 우리가 아이에게 가장 자주 하는 말은 "일어나", "씻어", "밥 먹어", "핸드폰 내려놔", "숙제해", "빨리 자" 같은 지시어이다. 이런 말은 눈을 보지 않고도 전달할 수 있다. 부모가 아이에게 다정한 눈길조차 주지 않고 지시와 명령만 반복한다면, 아이는 과연 자신이 존중받고 있다고 느낄 수 있을까?

2. 아이가 부르면 다가가기

아이들이 자주 하는 또 다른 말은 바로 "엄마, 이리 와봐"이다. 그럴 때 아이에게 가는가? 가야 한다는 걸 알지만 이 역시 쉽지 않다. 그래서 종종 "네가 와", "잠깐만", "기다려", "좀 있다가" 하며 미루곤 한다.

그런데 아이가 부모를 부를 때는 언제나 이유가 있다. 좋은 것, 신기한 것, 재미있는 것, 내가 잘한 것을 가장 사랑하는 부모에게 보여주면서 자랑하고, 나누고 싶기 때문이다. 집 안이라면 아이에게 잠깐 다녀오는 데 걸리는 시간은 길어야 5분이다. 우리는 흔히 "내 아이를 위해서라면 대신 죽을 수도 있어"라고 말하지만 몇 분을 온전히 내어주지 못하는 경우가 너무 많다.

나는 지금도 청소년 두 아들이 나를 부르면 곧장 가려고 노력한다. 큰아이는 아침에 일어나면 나를 부르는데, 이건 등을 긁어달라는 신호다. 둘째는 게임을 잘했을 때 "엄마, 이거 봐!" 하며 나를 불러 자랑한다. "우와, 대박인데?" 하고 진심으로 반응해주면 정말 환하게 웃으며 기뻐한다.

가끔 이렇게 말하는 부모들이 있다. "부를 때마다 가주면 버릇이 될까 봐 못 가겠어요."

아이가 끊임없이 부모를 부르는 건 애정이 충분히 채워지지 않았기 때문이다. 몇 번만 진심으로 반응해주면 아이 마음이 채워줘서 이전처럼 자주 부르지 않는다.

3. 진심으로 반응해주기

마지막으로 아이들이 자주 하는 말이 "이거 봐봐!"이다. 이때도 우리는 "응, 보고 있어", "그래, 잘했어" 하고 습관적으로 대답을 하곤 한다. 그러면 어떤 아이는 "아니, 이것 좀 봐보라고~" 하며 얼굴을 들이밀거나 부모의 고개를 억지로 돌리려 한다. 왜 그럴까?

분명 잘했다고 말은 하는데 부모가 자신을 쳐다보지 않거나, 말에 '영혼'이 빠져 있다는 걸 알기 때문이다. 이처럼 형식적인 반응은 아이에게 '관심 없음'으로 느껴질 수밖에 없다.

앞으로 아이가 "엄마, 이것 좀 봐봐" 하면 격하게 반응해보자. "우와! 어떻게 한 거야?", "오~ 이거 네가 직접 한 거야? 너무 멋있다!"

핵심은 말투와 표정에 진심을 담아 반응해주는 것이다.

아이는 거창한 것을 바라지 않는다. 엄마 아빠와 눈을 마주치고 진심으로 나의 이야기에 귀 기울이고 답변해주는 몇 분 안에 담긴 부모의 진심이 아이를 행복하게 만든다. 이 짧은 시간을 통해 아이는 효능감과 자신감을 얻고, 자존감을 쌓아간다. 그러니 오늘부터는 단 몇 분이라도 하던 일을 멈추고 아이의 눈을 바라보며 따뜻하게 반응해보자. 이 작은 습관이 아이의 마음과 자존감을 강하게 만드는 큰 힘이 되어줄 것이다.

• TIP •
부모에게 무관심한
아이와 다시 친해지는 법

1. 질문 대신 관찰하기
"숙제 다 했어?"처럼 공부에 관해 질문하기보다 "오늘 기분이 좋아 보이네?"처럼 '나는 너에게 관심이 있어'라는 메시지를 전해보자. 아이의 마음이 한결 편안해질 것이다.

2. 조언과 판단 금지
아이와 오랜만에 대화한다면 "그건 네가 잘못했지", "그래서 어떻게 할 건데?"보다는 "마음이 안 좋았겠네", "엄마라도 속상했을 거야"처럼 감정을 읽어주는 말을 건네보자. 공감이 먼저, 해결은 그다음이다.

3. 말없이 곁에 있는 '조용한 동행'
아이가 공부하거나 밥을 먹을 때, 옆에서 책을 읽거나 조용히 다른 일을 해보자. 말을 하지 않아도 같은 공간에 머무는 시간이 늘어나면 '엄마가 내 곁에 있어'라는 정서적 연대감이 생긴다.

아이의 뇌를
망가뜨리는 행동 3

아이에게 다정하고 친절하게 말하는 것 자체가 어색한 부모들이 있다. 이들에게는 몇 가지 공통점이 있다. 대표적인 것이 어린 시절 엄격한 부모 밑에서 자라 따뜻한 말을 들어본 경험이 적거나 성격상 감정을 드러내는 것이 쑥스럽다는 것이다.

가장 좋은 방법은 그럼에도 매일 한 가지라도 다정한 말을 하려고 시도하는 것이다. 만약 이조차 어색하다면, 일단 아이에게 독이 되는 말과 행동을 하지 않는 것부터 시작해보자. 크게 세 가지를 꼽을 수 있다.

한숨은 자신의 존재 자체를 부정하게 만든다

아이에게 화가 나면 자신도 모르게 한숨을 쉬면서 고개를 절레절레 저을 때가 있다. 그런데 우주와도 같은 존재인 부모가 내 앞에서 한숨을 쉬면, 아이는 '나는 괜히 태어난 걸까?', '나는 엄마 아빠를 힘들게 하는 존재인가?' 하는 부정적인 생각에 사로잡힌다.

만약 직장 상사가 내가 무슨 말을 할 때마다 한숨을 쉬며 고개를 저으면, 속상하고 억울하고 위축되지 않을까. 아이도 똑같다. 아니, 어른보다 더 깊게 상처받는다. 하버드대와 예일대의 공동 연구에 따르면 아이는 부모의 표정, 말투, 감정 상태에 극도로 민감하게 반응한다. 부정적인 감정 표현을 자주 경험하는 아이는 자존감이 낮아지고 회피 행동, 무기력, 반항성은 점점 커진다고 한다.

이제 화가 날 때는 습관적으로 한숨을 쉬는 대신 "네가 자꾸 이러면 엄마가 화가 날 것 같아"처럼 감정을 '말'로 표현해보자. 이 한마디로 부모는 부정적인 감정을 휘발시키고 아이는 상황을 좀 더 쉽게 이해할 수 있다.

무표정은 아이의 정서적 GPS를 끈다

아이는 부모의 표정에 매우 민감하다. 부모가 무표정하거나 표정이 어두우면 본능적으로 불안감을 느낀다. 어떤 아이는 일부러 더 시끄럽게 굴거나 과장된 행동을 해서 불안감을 떨쳐내기도 한다. 이것이 바로 '사실 나 지금 너무 무서워요'라는 SOS 신호다.

부모의 표정은 아이에게 감정의 나침반과 같다. 이 나침반이 꺼져 있으면 어떻게 될까? 하버드 의과대학 아동발달연구소에 따르면, 유아기에 부모의 무표정한 얼굴을 자주 접한 아이는 감정을 해석하고 공감하는 능력이 떨어질 수 있다고 한다.

이화여대 아동학과에서 실시한 실험에서도 아이들이 부모의 표정에 극도로 민감하게 반응하는 것으로 나타났다. 엄마와 아이가 2분간 함께 놀다가 엄마가 갑자기 무표정한 얼굴로 반응하지 않는 상황을 연출하자, 아이들이 당황해하며 놀이에 흥미를 잃고 짜증을 내는 행동을 보였다. 엄마의 무표정한 얼굴 하나로도 아이의 정서가 흔들릴 수 있음을 보여준 것이다.

〈스토리온 우먼쇼〉라는 케이블 방송에서 소개된 '시각 절벽' 실험도 같은 메시지를 전달한다. 아이를 유리 테이블 위에 올려놓고 맞은편에 선 엄마의 표정으로 아이의 반응을 살피는 실험인데, 엄마가 무표정한 얼굴로 바라보자 쭈뼛거리며 앞으로 나아가지 못하던 아이가 환하게 웃는 엄마를 보고는 주저 없이 기어갔다. 우리는 별것 아니라고 생각하는 표정 하나가 아이의 정서적 안정감과 행동 결정에 이렇게 중요한 영향을 미친다는 사실을 기억하고, 아이와 함께 있을 때는 일부러라도 웃는 표정을 지어보자.

아이를 부를 때 경고하듯 말하지 않는다

아이를 부를 때 "야!", "너!", 혹은 성까지 붙여 "이수연!"이라고 부르는 부모들이 많은데 이런 말투는 대개 아이를 혼내거나 채근할 때 사용하기 때문에, 아이는 이렇게 불리는 것 자체를 '야단맞음'으로 느낄 수 있다.

누군가의 이름을 부르는 것은 그의 존재를 인정하고 존중하는 가장 기본적인 행동이다. 아이에게도 마찬가지다. 야, 너 대신 부드럽고 따뜻하게, 성을 빼고 이름을 불러주자. 처음엔 어색하겠지만 차가운 말 한마디를 줄이는 것으로도 아이에게는 큰 변화가 시작될 수 있다.

• TIP •

감정 표현이
어려운 부모를 위한
다정한 말 습관 3

1. "지금은 엄마가 조금 힘들어."

억지로 웃거나 감정을 억누르기보다, 지금의 기분을 솔직하게 말해보자. 감정을 터트리면 문제가 되지만 말로 다정하게 전달하면 아이도 엄마를 더욱 잘 이해할 것이다.

2. "응? 불렀어?"

아이가 부를 때 "왜!" 하는 대신 살짝 웃으며 "응~" 하고 대답해보자. 짧은 한마디가 아이에겐 '엄마가 나를 좋아해'라는 신호를 전달하는 셈이다.

3. "엄마도 처음이라 어려운 게 있어."

나도 엄마가 처음이라 서툴 수 있다는 점을 솔직하게 말해주는 것이 아이에게 더 큰 신뢰감과 친밀감을 준다. '부모도 완벽하지 않고 언제든 실수할 수 있다'라는 사실을 알고 나면 세상을 바라보는 아이의 시선도 좀 더 다정해질 수 있다.

어릴 땐 단호하게, 사춘기일 땐 부드럽게

모든 부모가 마음에 새겨야 할 육아 원칙을 하나만 꼽자면 '어릴 때는 엄하게, 사춘기일 때는 유연하게'가 아닐까 싶다.

그런데 우리는 반대로 하는 경우가 훨씬 많다. 어릴 때는 마냥 귀엽고 사랑스러운 아이를 훈육하기가 미안해 어영부영 넘어가는 경우가 많지만, 사춘기가 되면서 아이의 말투가 거칠어지고 반항기를 보이면 '버릇 나빠진다'라는 이유로 통제하고 단속한다.

전문가이기 이전에 두 아들을 키우는 엄마로서 나의 지난 시간을 돌이켜보면, 훈육은 나의 감정과 반대로 했어야 한다는 반성을 하게 된다.

심리학자 알프레드 아들러는 "사랑과 통제를 혼동하는 부모는 결국 아이에게 두려움만 남긴다"라고 말했고, 하버드대 석좌교수이자 발달심리학자인 로버트 케건Robert Kegan은 '내가 누리지 못했던 걸 내 아이는 모두 누려야 해'라는 보상 심리에 빠질 때 훈육의 균형을 잃는다고 경고했다.

실제로 워킹맘들은 온종일 떨어져 있다가 저녁에 만난 아이에게 단호하게 훈육을 하기보다는 '애를 종일 혼자 뒀는데' 하는 마음에 어지간한 잘못은 그냥 넘어가는 경우가 많다. 그런데 이런 경험을 하다 보면 '이 정도는 상관없네', '우리 엄마는 나한테 꼼짝 못 하네'라는 잘못된 인식을 가지게 된다. 그 결과, '나는 무엇을 해도 된다'라고 생각해 자기 통제력을 점점 상실한다. 이것이 바로 훈육이 필요한 이유이고, 제대로 된 훈육이야말로 진정한 사랑이다.

적절한 훈육을 통해 자기 통제력을 갖춘 아이일수록 학업 성취도는 물론 사회성, 정서적 안정성, 리더십 등이 모두 뛰어나다는 연구 결과가 많다. 이러한 자기 통제력은 어린 시절 부모가 어떻게 훈육을 했는가에 따라 큰 차이를 보인다.

흔히 '훈육은 엄하게 해야 한다'라는 말을 '무섭게 해야 한다'로 오해하는 경우가 많다. 훈육은 무섭게 화를 내는 게 아니라, 부드럽지만 단호하게 경계를 알려주는 것이다. 이때 부모가 감정에 따라 훈육 기준을 자꾸 바꾸면 아이 입장에서는 '세상은 예측할 수 없는 위험한 곳'이라는 인식이 각인된다. 그래서 훈육을 할 때는 부모의 감정과 기분이 아닌 일관된 원칙을 따라야 하고, 이것이 가능하려면 부부를 포함한 가족 구성원 모두가 '공통된 육아 원칙'을 만들어야 한다. 엄마가 허락하지 않는 일은 아빠도, 할머니와 할아버지도, 삼촌과 이모도 같이 지켜주어야 아이가 자연스럽게 받아들인다.

그렇다면, 훈육의 골든 타임은 언제일까? 바로 10세다. 하버드대 아동발달센터에 따르면 만 5세까지 뇌 발달의 90퍼센트가 완성되며, 9~10세 전후로 자기 조절력과 도덕성의 기초가 자리 잡는다고 한다. 따라서 이 시기에 아이에게 "지금은 기다려야 해", "이런 행동은 어떤 상황에서도 하면 안 돼", "이럴 땐 이렇게 하는 거야"와 같은 분명하고 일관된 원칙을 알려주어 감정과 행동을 스스로 통제하고 조절하는 능력을 익히도록 해야 한다.

사춘기는 이해하는 것이 아니라 기다리는 것이다

그런데 만 10세가 지난 사춘기 아이의 뇌는 유아의 뇌와 완전히 다르다. 이른바 '리모델링 중'이기 때문이다. 이 시기에는 감정과 충동을 담당하는 편도체가 과활성화되는 반면, 판단과 조절을 맡는 전두엽은 아직 미성숙한 상태이기 때문에 감정 기복이 심해지고 절제는 어려워진다.

이때 부모가 아이를 강하게 통제하거나 밀어붙이면 아이는 더욱 완고하게 마음을 닫아버린다. 그래서 이 시기 아이에게 필요한 것은 엄격한 규칙이 아니라 공감과 기다림이다. 좀 더 솔직히 말하면, 이 시기에는 이해하려 해서는 안 된다. "너 진짜 왜 그래?"가 아니라 '얘가 지금 많이 혼란스럽고 힘들겠구나' 하고 기다려주는 마음이 필요하다. "그래, 너도 어른이 되느라 참 고생이 많다" 하는 마음으로 기다려주는 것이 우리에게 필요한 태도다.

물론 예의 없는 행동까지 다 받아주라는 뜻은 아니다. 감정 기복과 무례함은 완전히 다르다. 가르칠 것은 반드시 가르치되, 감정은 빼고 말은 짧고 단호하게. 이것이 사춘기 훈육의 핵심이다.

한 가지 더 중요한 것이 있다. 훈육이 효과를 내려면 먼저 사이가 좋아야 한다. 아이들은 친한 사람의 말만 듣기 때문에 훈육이 전혀 통하지 않는다고 느껴지면 일단 '친해지기'부터 다시 시작해야 한다. 부모를 정서적으로 신뢰할 수 있어야 '엄마 아빠가 하시는 말이니 한번 들어볼까?' 하는 마음이 생긴다.

스마트폰을
이기는 아이는 없다

최근 주목받고 있는 현상 중 '팝콘브레인'이 있다. 빠르게 튀기는 팝콘처럼 즉각적인 자극에는 민감하게 반응하지만, 현실의 느린 자극에는 흥미를 느끼지 못하는 뇌 상태를 의미한다. 아이는 세상의 모든 것을 수천 번씩 반복해서 보고 듣고 만지고 흉내 내면서 익힌다. 그런데 스마트폰은 즉각적인 자극과 화려한 반응으로 뇌의 보상 회로를 과도하게 자극하기 때문에, 반복해서 경험할 기회를 빼앗고 실패감을 견디는 힘을 약화시킨다.

미국의 심리학자 데이비드 레빈David Levine 박사는 "디지털 자극에 과도하게 노출된 아이의 뇌는 마치 튀김기 속 팝콘처럼 과잉 반응하는 상태가 된다"라고 경고했다. 실제로 팝콘브레인 상태인 아이의 뇌를 관찰하면 요란한 디지털 자극에는 쉽게 몰입하지만 책 읽기, 퍼즐 맞추기, 순서를 기다려야 하는 놀이 등에는 금방 싫증을 낸다. 더 나아가서는 학교 수업이나 단체 학습에 집중하지 못하고, 친구와의 갈등 상황을 조율하지 못하며 감정을 조절하는 것도 어려워한다. 이러한 습관이 계속되면 스마트폰 없이는 아무것도 하지 못하며 인간관계에도 문제가 있는 아이가 되는 것은 불 보듯 뻔하다.

내가 강연장에서 가장 많이 듣는 질문 중 하나가 "미디어에 이 정도로 노출되어도 괜찮을까요?"인데, 결론부터 말하면 전혀 괜찮지 않다. 0~3세는 뇌가 폭발적으로 성장하는 시기이므로 이 시기에는 미디어 노출을 최대한 자제해야 한다고 전 세계 전문가들이 입을 모아 강조한다. 하버드 의과대학의 연구 결과에 따르면, 만 3세 이하 아동이 하루 한 시간 이상 스마트폰에 노출될 경우 언어 습득, 자기 조절력, 사회성 전반에서 발달 지연이 명확하게 나타난다고 경고한다.

그런데 요즘 세상에 현실적으로 컴퓨터와 스마트폰 없이 아이를 키우기란 거의 불가능하다. 지금 아이들은 태어날 때부터 디지털 기기를 접하며 자란 세대여서 TV보다 스마트폰이 익숙하고, 그림책보다 쇼츠에 더 빠르게 반응한다. 손가락으로 화면을 넘기며 자란 아이에게 책장을 넘겨야 하는 책은 지루하고 귀찮을 수밖에 없다.

어떤 아이든 손에 스마트폰을 쥐어주면 칭얼대지 않고 화면에만 집중하기 때문에, 많은 부모에게 스마트폰이 일종의 '육아템'인 것도 사실이다. 물론 대부분은 너무 바쁠 때 잠시만 보여준다며 죄책감을 떨쳐내지만, 아무리 잠깐이어도 이런 경험이 반복되면 아이에게 치명적인 영향을 미친다는 사실을 기억해야 한다.

스마트폰 교육이 반드시 필요한 상황 3

첫째, 식사 시간이다. 요즘은 스마트폰이나 TV를 보여주지 않으면 밥을 먹지 않는 아이도 있는데, 이때 아이들을 자세히 관찰하면 대부분 음식을 제대로 씹지 않고 삼키는 경우가 많다. 이런 식습관은 소화기에 문제를 일으킬 수 있으며 씹는 행위 자체가 뇌 발달과 깊숙이 연결되어 있기에 주의가 필요하다.

또한 이러한 행동은 식사 시간을 단순히 '배를 채우는 행위'로 전락시켜 올바른 식습관 형성을 방해한다. 그러니 집에서든 외식을 할 때든 식사 시간에는 아이 스스로 지정된 자리에 앉아 식사에 집중하도록 가르치자.

둘째, 외출할 때다. 요즘 스마트폰 거치대를 설치한 유모차를 자주 본다. 심지어 이 거치대가 '육아 꿀템'으로 인기를 끌고 있다는 이야기를 처음 듣고 적잖이 충격을 받았다. 아이가 건강하게 성장하길 바라는 부모가, 아이가 세상과 소통하고 배우는 기회를 스스로 차단하고 있다니!

아이들은 유모차로 이동할 때 멍하니 있지 않는다. 하늘을 보며 '저 하얀 건 뭐지?' 궁금해하고 지나가는 사람을 보면서 '나를 보고 웃네?'를 느끼고 횡단보도 앞에서는 '이렇게 줄이 그어진 길에서는 일단 멈추네'를 배운다. 이런 상호작용이야말로 아이의 뇌 발달을 돕는 가장 강력하고 자연스러운 자극이다. 그런데 유모차로 이동하는 내내 스마트폰을 보면 외부에서 느낄 수 있는 모든 자극이 차단되어 인지 발달에 부정적인 영향을 끼칠 수밖에 없다.

좀 더 큰 아이들도 마찬가지다. 요즘은 길을 걸을 때도 스마트폰을 들여다보는 아이들이 많은데 이들을 '스몸비'라고 부른다. 스마트폰과 좀비의 합성어로, 주변을 둘러보지 않고 좀비 같은 자세로 화면만 보며 움직이는 사람을 말한다.

아이에게는 외출 자체가 배움이고 경험이기에, 자주 멈추고 바라보고 느끼면서 사회와 충분히 소통하는 시간이 필요하다. 그러니 아이와 함께 외출할 때는 가급적 스마트폰을 넣어두고 주변 환경과 이웃, 자연과 더 많이 교감할 수 있도록 도와주자.

셋째, 잠들기 전이다. 아이든 성인이든 잠들기 직전까지 스마트폰을 보면 우리 뇌가 흥분 상태가 되어 편안하게 잠들기가 어려워진다. 특히 스마트폰에서 나오는 블루라이트는 수면 호르몬인 멜라토닌 분비를 억제해 숙면을 방해한다. 한 연구에 따르면, 잠자리에서 스마트폰을 보면 아이가 잠드는 데 평균 두 시간이 걸린다고 한다. 이러한 행동이 습관이 되면 아이의 성장에 치명적인 영향을 줄 수밖에 없다.

아이에게 스마트폰을 주는 이유를 생각해보면 울지 않고 조용히 있어서인 경우가 많다. 그런데 생각해보자. 식당에서 밥을 먹을 때, 차로 이동할 때 아이가 정말 원하는 것이 무엇인지 말이다.

스마트폰 사용은 어른도 자제하기가 어렵다. 아이 스스로 조절하고 통제할 수 있는 대상은 당연히 아니다. 자기 조절력이 현저히 부족한 아이에게 스마트폰을 주면서 "잠깐만 봐" 하는 것은 무책임한 행동이다.

스마트폰은 그냥 전화기가 아니라 거대한 온라인 세계다. 이곳에 아이를 지켜주는 보호 장치는 아무것도 없다. 손가락 한 번으로 음란물과 폭력물을 접할 수 있고, 오픈채팅방에서는 누군지도 모를 사람들이 아이를 유혹하는 손길을 끊임없이 보낸다. 아차 하는 사이에 아이가 어떤 위험에 노출될지 아무도 모른다. 지금까지 스마트폰을 육아 도우미라 여겼다면, 오늘부터 당장 생각을 바꾸자.

• TIP •
부모가 꼭 알아야 할
스마트폰 활용 전략

1. 가족이 함께 규칙을 만든다
아이에게 일방적으로 지시하기보다 가족 모두가 함께 규칙을 정하고 지키는 것이 좋다. 밥을 먹을 땐 식탁 위에 스마트폰 두지 않기, 잠들기 한 시간 전부터 끄기, 주말 특정 시간대를 디지털 디톡스 타임으로 정하기 등을 함께 논의해보자.

2. 부모 먼저 스마트폰 사용 시간을 줄인다
아이들은 부모를 따라 한다. 부모가 스마트폰을 손에서 놓지 못하면, 아이도 그렇게 될 가능성이 높다. 아이가 놀이나 숙제를 할 때 옆에서 스마트폰을 보지 않도록 먼저 신경 써보자.

3. 대체품을 준다
책, 레고, 장난감, 스케치북, 놀이터 가기, 소꿉놀이 등 신체와 정서를 골고루 자극하는 활동을 최대한 많이 할 수 있게 해주자. 며칠만 지나도 스마트폰을 찾는 횟수가 금방 줄어들 수 있다.

인성 좋은 아이 뒤에는 반드시 아빠가 있다

우리가 자랄 때만 해도 아버지는 무섭고 권위적인 존재였다. 아침 일찍 나가서 저녁 늦게 들어오시고, 주말에는 피곤하다며 잠만 자도 누구도 문제 삼지 않았다. 하지만 시대가 달라졌다. 맞벌이 가정이 늘어나고 아빠의 양육이 아이의 지능과 정서 발달에 긍정적인 영향을 미친다는 연구 결과가 잇따라 발표되면서 아빠들도 점점 육아에 적극적으로 동참하고 있다.

가장 대표적인 이론은 《아버지만이 줄 수 있는 것이 따로 있다》의 저자이자 캘리포니아대 심리학과의 로스 파크Ross D. Parke 교수가 쓴 '아빠 효과'이다. 그는 아빠와의 놀이와 상호작용이 논리적이고 이성적인 좌뇌 발달에 긍정적인 영향을 미친다고 설명한다.

실제로 아빠는 아이와 놀 때 신체를 적극적으로 활용하고 새로운 놀이를 시도하는 방식으로 교감하는 경우가 많은데, 이러한 놀이 방식은 아이의 적극성, 탐구심, 사회성 발달에도 도움이 된다. 실험 결과를 보아도 영유아기에 아빠와 관계 맺기가 부족했던 아이들은 수리 능력이 떨어지고 성취동기가 낮을 뿐 아니라, 지적 발달의 초기 단계인 감각 운동 행동손을 뻗어 물건을 잡거나 사물을 쫓아가는 행동 수치도 낮았다.

인성에 결정적 영향을 미치는 아빠의 역할

아빠의 역할은 무엇보다 아이의 인성 형성에 결정적 영향을 미친다. 미국 일리노이 대학의 연구에 따르면, 아버지와 정서적으로 안정된 관계를 맺은 아이들은 공감 능력, 도덕성, 자기 조절력에서 높은 점수를 보인 반면 아버지와의 관계가 단절된 아이들은 공격성, 문제 행동, 반사회적 행동을 할 가능성이 더 높았다. 다행히 지금의 젊은 세대는 아빠와 아이가 좋은 관계를 맺는 것을 상당히 중요하게 생각하기에 많이 달라지고 있다.

참고로 내가 15년 동안 강연 현장에서 만난 수많은 아빠들이 가장 뜨겁게 반응했던 사례 중 하나는 '딸의 이성 교제'였다. 연구에 따르면, 어릴 때부터 아빠와 친밀하게 지낸 딸일수록 이성 교제와 성관계 시작 시기가 늦어지는 경향이 있다. 아빠가 '남자의 기준'이 되기 때문이다. 아빠와의 관계가 딸의 성적 자기결정권과 연애의 질에 커다

란 영향을 미친다는 뜻이다.

대부분의 아빠들은 이 이야기를 들으면 눈빛을 반짝인다. 자신이 딸의 인생에 이렇게 큰 영향을 미친다는 사실에 놀라워하며 앞으로 더 좋은 아빠가 되어야겠다는 다짐을 하게 된다고도 말한다.

내 직업의 특성상 개인적으로 특히 주목하는 주제는 '아빠의 육아와 가사 참여가 아이에게 미치는 영향'이다. 짐작할 수 있듯, 아빠의 육아가 가장 크게 미치는 영향은 가정의 평화와 안정, 그리고 일과 삶의 균형이다. 하지만 더욱 중요한 건 아빠의 육아 및 가사 참여가 아이들의 가치관과 인지 발달에 직접적인 영향을 미친다는 점이다. 아빠가 엄마와 함께 집안일을 하는 모습을 자연스럽게 보면서 자란 아이들은 '집안일은 여자 몫, 돈 버는 일은 남자 몫'이라는 고정관념에 갇히지 않는다. 이렇게 가정에서 행동으로 보여주는 일상이야말로 가장 자연스러운 성평등 교육이 아닐까.

• TIP •

바쁜 아빠들이 꼭 실천해야 할
육아 루틴

1. 아침 출근 전, 잠깐이라도 눈을 보며 인사하기

출근 준비로 정신없이 바빠도 "아빠 회사 다녀올게" 하는 인사만큼은 꼭 아이 눈을 보면서 하자. 머리를 쓰다듬거나 뽀뽀 등 스킨십을 함께 하면 효과는 두 배다. 아침에 건네는 짧은 인사가 아이에게 아빠의 존재를 각인시킨다.

2. 퇴근 후 3분, 아이의 눈을 보며 짧은 질문 던지기

"오늘 잘 놀았어? 뭐가 제일 재밌었어?" 이 한마디에 아이는 '아빠가 나에게 관심이 있구나'를 느낄 수 있다.

3. 아이와 한 약속은 반드시 지키기

지킬 자신이 없는 약속은 처음부터 하지 말자. "아빠가 깜빡했네, 미안, 다음에"가 반복되면 아이는 더 이상 아빠를 신뢰하지 않는다. 만약 무리한 요구를 하면 단호하게 안 된다고 말한 뒤, 이유를 충분히 설명해주자.

재능은
찾는 게 아니라
발견하는 것

"우리 아들은 야구를 해요."

이렇게 말하면 "어머, 부러워요. 아이가 하고 싶은 게 있다니 얼마나 좋아요" 하는 엄마들이 종종 있다. 하고 싶은 것도, 되고 싶은 것도 없다는 아이들이 많아서일까? 아이가 좋아하는 것이 분명하다는 게 다행스럽고 감사하다. 그런데 또래 엄마들에게 부럽다는 말을 듣다 보면 어떻게 답변을 해야 할지 난감해지기도 한다. 아이가 하고 싶은 것을 찾는다는 게 말처럼 쉽지 않기 때문이다. 엄청난 시간과 노력과 오랜 기다림이 있어야, 아이의 진짜 재능을 발견할 수 있다.

큰아들은 초등학교 3학년 때부터 고등학교 2학년이 된 지금까지 9년째 야구 선수의 길을 걷고 있다. 매일 흙먼지를 뒤집어쓰고 더운 날엔 땀띠와 추운 날엔 동상과 싸우며 훈련한다. 그래도 "세상에 야구보다 재미있는 건 없어요"라고 말한다.

나는 아들이 얼마나 야구를 사랑하는지, 그리고 야구를 하면서 얼마나 단단해지는지를 매일 느낀다. 아들에게는 타고난 재능도 분명 있어 보인다. 하지만 나는 매일 반복되는 힘든 훈련을 묵묵히 소화하는 끈기와 성실함 그리고 근성이 아들의 진짜 재능이라고 믿는다.

운동선수의 길을 선택한 아들을 둔 덕에 가끔은 마음이 아플 때도 있다. 친구들처럼 마음껏 놀지도 쉬지도 못하고, 땀과 눈물 속에서 매일 훈련을 받는 아들을 보면 안쓰러울 때도 있다. 그런 날에는 일을 대하는 나의 태도를 돌아보게 된다. 그 순간 깨닫게 된다. 내가 아들을 키운다고 생각했지만, 사실 아들도 매일 엄마인 나를 키우고 있다고.

많은 부모들이 묻는다. "아이의 재능은 어떻게 찾아주는 게 좋을까요?"

아이가 무엇을 좋아하고 잘하는지는 학교와 학원을 오가며 숙제만 해서는 절대 알 수 없다. 누구든 자기 안에 숨어 있는 보석을 찾아내려면 다양한 경험을 하는 과정에서 자연스럽게 느껴야 하기 때문이다. '나는 손으로 하는 작업은 다 재미있고 잘하네. 가만히 앉아서 오랫동안 고민해야 하는 일은 정말 안 맞고.' 이러한 결론은 누가 알려주는 것이 아니라 스스로를 파악하며 찾아가야 한다.

아이에게 특별한 재능이 없다고 생각하는 부모들은 "그냥 공부라도 해" 하며 하는 수 없이 학원에 보내기도 한다. 그런 상황도 충분히 이해된다. 체육, 음악, 미술 같은 예체능 영역이 아니라면 학창 시절에 확고한 장래희망이나 뚜렷한 재능을 발견하기가 어려울 테니 말이다.

그래도 아이를 유심히 관찰하다 보면, 시간 가는 줄도 모르고 몰입하는 일이 있고 눈을 반짝이며 열정적으로 이야기하는 주제가 있다. 바로 거기에 재능이 있다.

우리는 좋아하는 일을 할 때 성장하는 존재

모든 인간은 자신이 진심으로 좋아하는 일을 할 때 가장 많이 성장한다. 특히 부모라면 아이가 어떤 분야에 관심을 보일 때 성적, 비용 등 효율성의 잣대가 아니라 기다리면서 응원하는 마음으로 지켜봐주어야 한다.

하버드 의과대학의 존 레이티John Ratey 박사는 "10세 이전의 경험이 아이의 뇌 구조를 결정짓는 가장 중요한 시기"라고 말했다. 아이가 흥미를 느끼고 몰입하는 순간을 부모가 어떻게 지지해주느냐에 따라 두뇌 발달과 재능 형성에 큰 영향을 미칠 수 있다는 뜻이다. 미국심리학회APA에 따르면, 재능을 잘 발휘하는 아이들은 크게 세 가지 공통점을 가지고 있다. 첫째는 몰입할 수 있는 시간, 둘째는 아이의 관심사에 꾸준히 관심을 보여주는 부모, 셋째는 아이의 노력과 시도를 긍정적으로 봐주는 환경이다. 결국, 재능은 특별한 유전자보다 일상에서의 반복과 부모의 관심, 그리고 격려를 통해 자라나는 것이다.

우리 아이는 특별히 잘하는 게 없다고? 그래도 조급해하지 말자. 그럴 필요가 없다. 아이가 조금이라도 좋아하고 관심을 갖는 분야가 있다면 그 관심이 사그라들지 않도록 함께 즐기고 지켜봐주는 것으로 충분하다. 하다못해 매일 유튜브만 본다 해도 아이가 반응하는 포인트가 분명 있을 것이다. 무언가에 집중한 경험이 있는 아이는 진짜 좋아하는 것을 발견하면 놀라운 몰입과 성과를 보이게 마련이다.

하나 더, 재능은 훌륭한 결과보다 '다시 시작하는 힘'에서 드러난다는 점을 기억하자. 실패 없이 얻는 것은 세상에 없다는 걸 머리로는 알고 있으면서도 우리는 여전히 실패를 지나치게 두려워한다. 성인인 우리조차 그러한데, 실패가 곧 끝이라고 느끼는 아이들에게는 그 두려움이 얼마나 클까. 그러니 그림이든 운동이든 악기든 문제 풀이든 퍼즐이든, 아이가 어떤 활동을 하다 망쳤다고 말하면 "누구나 실수하면서 배우는 거야"라고 말해주는 것을 잊지 말자.

관심사가 있다는 건 에너지가 있다는 증거

부모가 아이의 관심사를 알고 있다는 것은 아이 입장에서는 '우리 엄마, 아빠는 나에게 관심이 있어'와 같은 뜻이다. 꼭 공부나 장래희망에 관한 것이 아니어도 좋다. 청소년기에는 부모가 아이의 관심사를 인정하고 수용하는 것 자체가 대화의 물꼬를 트는 출발점이 된다.

물론 아이가 연예인, 게임, K-POP처럼 부모가 내심 바라는 것과는 전혀 다른 분야를 좋아할 수도 있다. 그래도 잔소리를 하는 대신 아이의 세계를 존중해주려고 노력해보자. 아이가 무언가를 좋아하거나 관심을 갖는다는 건 그만큼 내면에 에너지가 있다는 뜻이니 말이다.

"우리가 누구인지보다 우리가 무엇을 선택하느냐가 우리를 결정한다."

전 세계를 사로잡은 《해리 포터》를 탄생시킨 세계적인 작가 조앤 롤링은 이렇게 말했다. 아이의 관심사와 취향을 있는 그대로 존중하고 믿어주는 것이야말로 아이 마음속에 재능이라는 씨앗을 심어주는 결과를 낳을 것이다.

• TIP •

아이의 재능을 발견하는
가장 현실적인 질문 3

1. **"넌 뭘 할 때 시간이 빨리 가니?"**
   정말 좋아하는 일을 할 때는 시간이 어떻게 가는지도 모른다. 아이의 관심사를 알고 싶다면 그것부터 파악해보자.

2. **"친구들이랑 무슨 이야기를 많이 해?"**
   친구들과 자주 대화하는 주제는 아이의 현재 관심사를 잘 보여줄 뿐 아니라 함께 어울리는 친구들의 성향도 짐작할 수 있게 해준다.

3. **"하루 종일 네가 하고 싶은 걸 한다면 뭘 하고 싶어?"**
   아이가 스스로 선택하는 활동이 궁금하다면 이렇게 물어보자. 아이가 스스로 선택한 활동을 보면, 무엇에 관심이 있고 어떤 것에 흥미를 느끼는지 알 수 있다. 혹시 아이가 '잠자기', '게임하기' 같은 대답을 해도 괜찮다.
   부모가 이런 질문을 던졌다는 것만으로도 아이는 '엄마 아빠가 나에게 관심이 있구나' 하고 느낀다.

집안일을 하는 아이가
세상을 더 잘 살아낸다

공부에 방해가 될까 봐, 어차피 시켜도 안 해서, 내가 하는 게 훨씬 빨라서, 아이가 하면 마음에 안 들어서…… 다양한 이유로 아이에게 집안일을 시키지 않는 엄마들이 있다.

그런데 집안일은 가족 모두가 함께하는 공동의 일이라는 점을 분명히 가르치는 것도 아주 중요한 교육이다. 그래서 나는 강연을 할 때 아이의 나이에 맞게 집안일을 꼭 분담시키라고 강조한다.

아이에게 집안일을 시키는 이유는 단순한 역할을 분담하거나 엄마의 일을 줄여주기 위해서가 아니다. 집안일이야말로 삶의 역량과 생활의 지혜를 길러주는 실전 훈련이기 때문이다. 하버드대가 1938년부터 2013년까지 75년에 걸쳐 성공하는 사람들의 행복 요인을 추적한 결과, 이들의 특징 중 하나가 바로 어릴 적부터 집안일을 했다는 것이라고 한다. 집안일은 책임감, 성실함, 자율성, 문제 해결력을 기르는 가장 실용적인 교육인 셈이다.

간혹 "너는 다른 건 신경 쓰지 말고 공부만 해" 하는 부모들이 있다. 입시를 코앞에 둔 고3이라면 그럴 수 있지만, 어릴 때부터 이런 말을 계속 듣다 보면 '공부만 잘하면 다른 일은 안 해도 상관없다', '집안일은 하찮은 것이다' 같은 인식을 심어주어 부모나 타인의 희생과 배려를 당연하게 여기고, 공부 외에는 스스로 할 줄 아는 것이 없는 사람이 되기 쉽다.

불황이 심해지면서 스스로 생활을 영위하지 못하고 중년이 될 때까지 부모에게 의존하는 '중년 캥거루족'이 새로운 사회 문제로 떠오르고 있는데, 나는 이들이 비단 경제적·정서적으로 독립하지 못한 사람을 의미하지 않는다고 생각한다. 간단한 집안일, 살다 보면 생기는 다양한 문제를 어떻게 처리할지 몰라 수시로 부모를 찾는 사람도 엄밀히 말하면 캥거루족이다. 우리보다 훨씬 일찍 은둔형 외톨이가 사회 문제로 불거졌던 일본의 경우, 80~90대 부모가 50~60대 자녀를 부양하다가 사망하자 중년의 자녀가 고독사하는 일이 비일비재하다고 알려져 있다. 이러한 현실만 보아도 아이가 어릴 때부터 집안일을 조금씩 알려주고 직접 하도록 지도하는 일은 정말 중요하다고 생각한다.

아침에 일어나면 이불 정리하기, 식사 전 수저 놓기, 식사 후 그릇을 싱크대에 넣기, 분리수거 하기, 현관의 신발과 우산 정리하기, 수건 개기 등 유치원생만 되어도 직접 할 수 있는 집안일은 생각보다 많다. 가사에 동참하면서 아이는 가족의 일원으로서 소속감과 뿌듯함을 느끼고, 공동체가 유지되기 위해 모두가 협력해야 한다는 것을 자연스레 익힐 수 있다.

오랫동안 맞벌이 가정이었던 우리 집은 역할 분담을 잘하고 있다. 남편은 요리, 나는 설거지를 맡고 "밥 먹자" 한마디면 두 아들이 수저를 챙기며, 식사 후에는 각자 자신의 그릇을 싱크대에 넣는다. 식탁과 의자 정리도 자연스럽게 이어진다. 매주 한 번 하는 재활용품 분리배출도 온 가족이 함께하는데, 일련의 과정은 아이들이 어릴 때부터 자연스럽게 해왔던 일이라 지금은 당연히 해야 하는 일이라고 인식하고 있다.

그렇다고 모든 집안일을 아이들이 스스로 해내는 것은 아니다. 어릴 때 정리정돈 습관을 길러주는 것을 놓쳤던 터라 이 부분은 여전히 미흡하다. 그래도 '집안일은 가족 모두의 일'이라는 인식이 자리하고 있다는 점은 다행이라고 생각한다.

오늘부터 아이가 할 수 있는 작은 집안일부터 가르쳐주자. 의외로 아이가 좋아할 수도 있다.

· TIP ·

집안일을
놀이처럼 시키는 법

1. 작은 일부터 알려주자

처음에는 장난감이나 신발 정리하기, 수저 놓기처럼 쉬운 일부터 시켜야 아이가 부담 없이 할 수 있다. 장난감 정리 같은 일은 "누가 먼저 통에 넣나 해볼까?"처럼 놀이하듯 시작하는 것이 좋다.

이런 식으로 재미를 더하면 아이가 거부감 없이 참여하게 되고, 반복을 통해 자연스럽게 습관으로 이어질 수 있다.

2. 완벽을 기대하지 말자

처음에는 깔끔한 결과보다 아이가 직접 해냈다는 보람을 느낄 수 있도록 반응하는 것이 좋다. 실수를 해도 '직접 하려고 노력한 점'을 먼저 칭찬해주자.

3. 지시하기보다 독려하기

"숟가락 놔", "네 자리 좀 닦아", "옷 걸어"처럼 지시하면 하려던 마음도 사라진다. "숟가락 좀 놔줄래?" 하면 아이도 선뜻 움직일 것이다. 행동한 후에는 "네가 도와준 덕분에 엄마가 밥을 빨리 차렸네. 고마워" 하는 식으로 칭찬해주자. 이런 일이 몇 차례 반복되면 어느 순간부터 스스로 움직일 것이다.

집안 행사는 최고의 인성교육 현장이다

"넌 그냥 집에 있어."

명절, 결혼식, 돌잔치, 장례식, 조부모 생신 같은 친척 모임이 점점 사라지고 있다. 예전처럼 친척이 많지 않은 것도 있지만, 집안 행사를 점차 간소하게 하는 방향으로 사회 분위기가 바뀐 것도 한몫하고 있기 때문이다. 그래도 친척 모임은 아이가 좀 더 넓은 범위의 가족들을 만날 수 있고, 운이 좋으면 용돈도 받을 수 있는 즐거운 자리이다.

그런데 공부나 학원 스케줄, 어색함 등을 이유로 집안 행사에 아이를 데려가지 않는 부모들이 의외로 많다. 이해는 하지만, 집안 친척들끼리 모이는 자리는 생각보다 중요한 교육 현장이라는 것을 많은 부모들이 알았으면 좋겠다.

나이와 거주지, 직업이 다양한 친척들과 교류하는 것은 확장된 가족 구성원의 일원으로서 자신의 소속감과 뿌리를 이해하고 사회성을 기를 수 있는 중요한 경험이 된다. 요즘처럼 가족 해체가 빈번한 시대에는 학원에서 문제 하나를 더 푸는 것보다 정서와 사회성 발달에 훨씬 더 큰 도움이 될 수도 있다. 예를 들어보자. 할머니 생신에 참석한 아이는 여러 친척이 한자리에 모여 할머니 생신을 축하하는 모습을 보면서 정서적 안정감과 가족 간의 끈끈한 유대감을 느낀다. 부모님의 형제자매와 그들의 가족을 통해 우리가 모두 같은 뿌리임을 느낄 수 있고, 생각보다 많은 사람들이 나와 가족으로 연결되어 있다는 점도 이해할 수 있다. 자신의 정체성과 뿌리를 고민하는 청소년기에는 가족 모임을 통해 인성 발달에 긍정적인 영향을 받을 수도 있다.

간혹 사춘기 아이들이 낯설고 어색하다는 이유로 집안 행사 참석을 거부하는 경우가 있는데, 일정을 미리 공유해 아이가 고민할 시간을 주는 것도 방법이다. 참석이 어렵다면 영상 통화 등으로 마음을 전하는 방법도 좋다.

특히 부모로부터 심리적 독립을 준비하는 청소년기에 가족과의 연결이 약해지면 쉽게 외로움과 소외감을 느낀다. 그런데 어릴 때부터 다양한 가족 모임에 참석한 추억이 있다면 쉽게 가족과의 관계를 단절하지 않는다. '힘들 때면 언제든 나를 반겨주는 가족들을 생각해야지'라는 안정감은 아이에게 생각보다 큰 울타리가 되어준다는 점을 기억하자.

가족 모임을 통한 부모의 역할 모델링

우리 집은 양가가 모두 지방에 있어서 자주 뵙지 못하다 보니 전화를 많이 하는 편이다. 특히 아이들에게는 "할머니, 할아버지께는 너희 목소리 들려드리는 게 최고의 선물이야" 하며 직접 전화하라고 시킨다. 그러면 아이들은 종종 전화를 걸어 애틋한 마음을 전한다. 사랑한다, 보고 싶다는 말씀을 아끼지 않으시는 할머니, 할아버지를 통해 자신들이 얼마나 소중한 존재인지를 체감할 것이다.

아이들은 부모의 말보다는 행동을 보고 배운다. 우리가 양가 부모님께 공손하고 다정하게 대하면 아이도 조부모를 그렇게 대한다. 부모가 조부모에게 용돈을 드리는 모습을 보며 자란 아이는 커서 자신도 부모님에게 용돈을 드려야겠다고 생각한다.

이제 집안 모임을 단순한 외출이라 여기지 말고, 이런 자리를 통해 아이의 정서와 사회성, 인성을 키우는 기회로 만들어보자. 공부만 잘하는 아이가 아니라 따뜻한 감성과 소통하는 힘을 지닌 전인적인 인재로 성장하길 바란다면, 가족이라는 공동체의 온기를 더 많이 경험하게 해주자.

• TIP •

아이의 인성을 키우는
가족 모임 활용법

1. 가급적 온 가족이 함께 참석하기
시험 기간이 당장 코앞에 닥친 게 아니라면 최대한 가족 모두 참석하자.

2. 역할 주기
꽃다발 전달, 할머니 옆에 앉기 등 역할을 주어 '가족의 일원'으로서 이 자리에 함께 있는 것임을 느끼게 하자.

3. 귀갓길에 대화 나누기
참석 소감을 묻거나 처음 만나는 친척을 설명하는 등 이날의 경험이 오래 기억될 수 있도록 다양한 대화를 나누어보자.

4. 이날의 의미를 미리 알려주기
단순히 엄마 아빠를 따라가는 게 아니라, 오늘 이 자리가 왜 만들어졌는지 의미를 설명해주자. 가족 간 유대감이 더 끈끈해질 것이다.

5. 어른을 공경하는 모습 보여주기
부모가 다른 어른들께 공손하고 예의 바르게 대하는 모습을 보면 아이도 자연스럽게 익힌다.

영양제와 보약보다
건강한 밥 한 끼

"나 회사 그만둘 거야."

어느 날 아침, 친구에게서 연락이 왔다. 불과 얼마 전 최연소 부장으로 승진해 축하 파티를 했던 친구였다. 갑작스러운 소식에 깜짝 놀라 전화를 걸었더니 친구가 한숨을 쉬며 말했다. "애가 ADHD 진단을 받았거든. 병원을 세 군데 갔는데 모두 같은 결과가 나왔어. 처음엔 남자애라 유난히 산만한 줄 알았는데 그게 아니더라고. 내가 너무 신경을 못 썼던 것 같아. 찾아보니 ADHD가 음식하고도 연관이 있대. 너도 애들이 먹는 것에 신경 좀 써."

전화를 끊고 나서 뜨끔했다. 요리는 나의 아킬레스건이기 때문이다. 가장 자신 없고 잘하지도 못하며, 스트레스를 가장 많이 받는 것이 나에게는 요리이다.

두 아들이 어릴 때부터 운동을 하다 보니 잘 먹여야 한다는 강박이 늘 있었다. 해주고 싶은 레시피를 열심히 모았지만 막상 직접 하자니 막막해질 때가 많아서, 신선한 재료로 만든 요리보다는 가공식품이나 밀키트로 대신하곤 했다. 아이들이 잘 먹는 음식을 배달시키거나 외식하는 경우도 많았다. 그러다 보니 식비가 점점 부담스러워졌고 밀키트도 한계가 있기에 아이들에게 미안할 때가 많았다.

친구와의 통화 후 제법 많은 시간이 흘렀지만, 지금도 크게 달라진 것은 없다. 여전히 요리에 큰 흥미가 없고, 할 때마다 힘든 것도 마찬가지다.

건강한 생활을 위한 연습

그래도 이제는 "대충 때우자"라는 말을 줄이고, 내가 할 수 있는 것부터 실천하며 조금씩 바꾸고 있다. 외식이나 배달 음식은 주 1회로 제한하고, 좋은 식재료를 고르는 눈을 키우려고 노력한다. 특히 퇴근 후 집에 밥이 없으면 배달 음식을 주문하고 싶은 유혹이 커지기 때문에, 아침에 밥을 안쳐놓고 출근하는 습관을 들였다.

아이들에게 거창한 음식을 해줘야 한다는 부담감도 내려놓았다. 대신 고기, 달걀, 김치, 김, 감자, 두부, 치즈 등 기본 재료가 떨어지지 않도록 한다. 특히 신경 쓰는 것은 건강한 식재료이다. 스파게티 면은

통밀로, 국수 면은 쌀이나 건면으로, 설탕은 비정제 유기농으로 바꾸는 식이다. 예전 같으면 간식으로 과자, 빵, 우유만 사두었을 텐데 이제는 과일도 준비해둔다. 탄산음료와 컵라면은 완전히 치웠고, 밖에서도 최대한 자제시킨다. 요리 고수가 보기엔 아무것도 아니겠지만, 이 정도 변화만으로도 나는 만족을 느끼고 있다. 나처럼 요리가 늘 부담스러운 워킹맘이 있다면, 바꿀 수 있는 것부터 하나씩 해보길 추천한다. 아이를 건강하게 키우고 싶은 마음은 누구나 같고, 그 시작이 먹거리라는 사실도 모두가 알고 있지만 말처럼 실천하기가 쉽지는 않다. 당장 우리도 야근이나 집안일에 치일 때면 라면이나 과자, 빵, 믹스커피 등으로 끼니를 대신하는 경우가 얼마나 많은가.

음식이 아이의 정신 건강에 미치는 영향

커리어 우먼으로 잘나가던 친구를 주저앉힌 아이의 ADHD. 발병 원인에는 여러 가지가 있겠지만 항생제와 화학 첨가물이 포함된 음식물 섭취를 주요 원인으로 꼽는 전문가들이 생각보다 많다. ADHD는 단순히 산만하고 예민한 것이 아니며 학습장애, 반항장애, 우울증, 수면장애 등 다양한 문제를 동반할 수 있다. 국민건강보험공단이 발표한 '2018~2022 ADHD 진료 인원 현황'에 따르면, 이 기간에 ADHD

로 진료를 받은 어린이와 청소년의 숫자가 82퍼센트나 급증했다고 한다. 그리고 ADHD 아동의 30~40퍼센트는 성인이 되어서도 증상이 지속되어 직장 생활이나 대인관계에서 어려움을 겪는 경우가 많다고 알려져 있다.

요즘 아이들은 어릴 때부터 여러 학원을 순회하다 보니, 식사 시간이 부족해 편의점에서 삼각김밥과 컵라면으로 끼니를 때우는 경우가 많다. 우리 아이들이 먹는 부실한 식사가 신체 발달은 물론 정서적 안정과 두뇌에까지 영향을 미친다고 생각하면, 잦은 인스턴트 음식 섭취를 결코 가볍게 넘길 일이 아니다.

만약 아이가 유독 감정 기복이 심하고 예민하거나 잔병치레가 잦다면, 식단부터 점검해보자. 가공식품과 탄산음료만 줄여도 훨씬 나아질 것이다.

아파트에서도
품앗이 육아를
할 수 있다

워킹맘들이 전업맘들을 보면서 가장 부러워하는 것 중 하나는 그들의 네트워크이다. 매일 아침 전쟁하듯 아이를 등원시키고 출근하기 바쁜 워킹맘 눈에, 전업맘들이 아이를 어린이집에 보내고 카페에서 커피 한잔을 마시며 수다를 떠는 모습은 참 여유롭고 느긋해 보인다.

그런데 이 부러움 뒤에는 묘한 거리감과 불안감이 숨어 있다. 친한 그룹이 있다는 것도 부럽고, 그들끼리 중요한 정보를 주고받는 것 같아 조바심이 나기도 한다. 그런데 친해지고 싶고 다가가고 싶어도 말처럼 쉽지 않다. '굴러온 돌을 끼워주지 않을 것 같다'라는 막연한 두려움과 제한된 시간 탓에 다가갈 기회 자체가 부족하기 때문이다. 아이가 어리고 양가 부모님의 도움을 받기도 어려운 상황이라면 이웃 엄마들과 품앗이 육아를 시도할 것을 추천한다. 서로 아이를 맡기는 수준을 넘어, 엄마들 간의 연대와 지지를 만드는 중요한 연결고리가 될 수 있다.

요즘처럼 옆집에 누가 사는지도 모르는 시대에 품앗이 육아가 다소 비현실적으로 느껴질 수 있지만, 워킹맘과 전업맘의 구분은 생각보다 쉽게 바뀔 수 있다. 오늘은 내가 일을 하고 있어도 다음 달엔 전업맘이 될 수 있고, 지난달까지 전업맘이었던 옆집 엄마가 다음 달부터 워킹맘이 될 수도 있다. 그러니 서로 편을 나누기보다 같은 엄마이자 여성으로서 지지하고 연대하자. 품앗이 육아가 그 시작점이 될 수 있다.

둘째 아이가 생후 7개월일 때부터 어린이집에 맡기고 내가 지금까지 일을 할 수 있었던 것도 주변 엄마들의 도움 덕분이었다.

어린이집에 다닐 때는 친하게 지냈던 다른 엄마들이 늘 우리 아이를 세심하게 챙겨주었다. 야외 활동이 있는 날이면 우리 아이의 도시락을 확인해주고, 아이가 전화를 받지 않아 걱정하면 수소문해서 행방을 알려주었고, 수영장 셔틀 차량을 놓치면 직접 데려다주고, 야근을 하면 자신들의 집에서 저녁을 먹이고 내가 퇴근할 때까지 보살펴주었다.

아이가 입학한 후에는 함께하는 축구 그룹 엄마들이 나의 든든한 지원군이 되어주었다. 준비물과 시험 범위를 미리 알려주고, 만약을 대비해 우리 아들 것까지 챙겨주기도 했다. 반드시 참석해야 하는 회식이 있던 날 "걱정하지 말고 다녀오라"며 아이를 집에서 재워준 분도 있다. 특히 한 엄마는 간편하게 먹을 수 있는 식재료를 챙겨주고 유용한 고급 정보들도 아낌없이 나눠주었다. 그들 덕분에 나는 안심하고 일할 수 있었고 두 아들은 친구네 부모님들과 시간을 보내며 사회성과 예의범절을 키울 수 있었다. 이 엄마들의 고마움을 어떻게 잊을 수 있을까.

저절로 유지되는 인간관계는 없다

그들이 나에게 고맙다는 인사를 듣거나 대가를 바라고 호의를 베푼 것은 아니었다. 하지만 그들의 친절을 당연하게 여기거나 단순히 "고맙다"라고 말로만 전하면, 이러한 연대와 친분은 절대 오래가지 못한다.

모든 인간관계의 기본은 기브 앤드 테이크이다. 한 번이라도 먼저 다가가려 노력하고, 기회가 생길 때 작은 것이라도 베풀어야 어떤 관계든 오래 유지될 수 있다.

나는 평일에 시간을 내기 어려운 만큼 아이의 등원, 하원 시간에 관계를 만들려고 노력했다. "네가 ○○구나, 우리 △△가 멋진 친구라고 이야기를 많이 해줬는데 만나서 반가워." 이렇게 아이에게 먼저 인사한 뒤 엄마에게도 자연스럽게 말을 걸었다. 몇 번 인사를 나누다 보니 나중에는 자연스럽게 "차 한잔 하실래요?"로 이어져 좋은 관계로 발전했다. 늦은 퇴근으로 다른 부모를 만나기 어려울 때는 아이가 자주 언급하는 친구의 엄마에게 먼저 연락을 했다. "우리 아이가 ○○랑 친하다고 이야기를 많이 해서 인사드리고 싶어서요. 주말에 시간 되실 때 키즈카페 같이 가는 거 어떠세요?"

처음에는 아이에게 친구를 만들어주고 싶었지만, 덕분에 나도 든든한 친구와 육아 동지를 얻을 수 있었다. 무엇보다 다른 엄마들이 나의 부족한 면을 채워준 만큼, 나도 그들이 필요로 하는 부분을 채워주려고 노력했다. 그녀들이 요리와 아이 돌봄 고민을 덜어주었으니 나는 주말에 아이들이 문화생활을 할 수 있도록 티켓을 선물하거나 직접 데리고 다녔다. 그녀들이 취업을 원하면 나의 네트워크와 정보력을 활용해 적당한 직장을 찾아보고, 이력서와 자기소개서 작성을 도와주었다. 아이가 친구 집에서 밥을 먹으면 디저트를 보냈고, 가끔 엄마들에게 커피 쿠폰을 선물하기도 했다.

한쪽만 배려하는 관계는 절대 오래가지 못한다. 서로 부족한 부분을 채워주면서 함께 성장하는 관계를 만들어야 한다. 혼자서 모든 것을 하려고 애쓰지 말자. 먼저 손을 내밀고 내가 가진 것을 나누면서 기꺼이 다가가자. 힘들 때 도움을 청할 사람이 주변에 있다는 사실만으로도 육아와 삶의 무게가 훨씬 가벼워진다.

지금 육아휴직 중이라면 친한 엄마 두세 명과 미리 친분을 쌓아두는 것도 중요하다. 복직 후 회사 생활과 육아 사이에서 아슬아슬한 줄타기를 할 때 이들이 천군만마가 되어줄 것이다. 육아와 교육 정보를 공유받고 급할 때는 아이도 잠시 맡길 수 있는 관계라면, 워킹맘에게 이보다 큰 자산은 없을 것이다.

한편, 엄마 모임에 참여하기 어렵다면 남편이 육아하는 아빠들의 네트워크에 자연스럽게 참여하는 것도 좋은 방법이다. 요즘은 지역별 '아빠 육아 모임'이나 '아버지 교실' 같은 프로그램이 제법 많다. 내 주변에도 아빠들끼리 먼저 친해지면서 아이로, 가족 전체로 교류가 확대되어 주말에 함께 시간을 보내는 집들이 많다. 똑같은 육아도 함께하면 훨씬 덜 힘들고, 몇 배는 더 즐겁다는 사실을 꼭 기억하자.

아이와 함께 준비하는
복직 A to Z

워킹맘에게 가장 긴장되는 순간이 있다면 육아휴직이 끝난 후 직장으로 복귀할 때가 아닐까 싶다. 몇 달 혹은 몇 년 만에 누구의 엄마가 아닌 내 이름 석 자로 복직을 준비하는 워킹맘의 마음속에는 일도 육아도 살림도 모두 야무지게 잘해서 후배들에게 좋은 본보기가 되고 싶은 의지가 가득 담겨 있다. 그래도 마음 한구석에서는 이런 생각이 밀려온다. '이게 맞는 선택일까?', '아직은 애가 어린데 내가 너무 이기적인가?', '과연 잘할 수 있을까?'

나는 이런 고민을 털어놓는 엄마들에게, 다시 일하고 싶은 마음이 든다고 죄책감을 가질 필요는 없다고 강조한다. 아이 옆에 항상 있어야 좋은 부모가 되는 게 아니기 때문이다.

인도의 가정학 연구자인 기얀 프라카시 스리바스타바 Gyan Prakash Srivastava와 리투 샤르마 Ritu Sharma가 2020년 진행한 리뷰 연구에 따르면, 워킹맘의 자녀들은 전업맘 가정의 아이들에 비해 자존감이 더 높고 문제 해결력도 뛰어난 것으로 나타났다. 엄마가 커리어를 이어가는 모습이 아이에게도 긍정적인 영향을 미친다는 의미이다. 그러니 복직을 할까 말까를 제3자에게 묻기보다는, 내 마음이 진정으로 원하는 것이 무엇인지 스스로에게 묻자. 내 마음이 가리키는 방향이 정답이며 그 답을 선택하는 것이 나와 아이 모두에게 최선이다. 복직을 고민 중이라면 아래 사항을 참고해 슬기로운 워킹맘 생활을 이어갈 수 있도록 차근차근 준비해보자.

아이도 엄마의 부재를 알 권리가 있다

복직을 준비할 때 가장 중요하지만 가장 쉽게 간과하는 것이 있다. 아이에게 엄마가 다시 회사에 나간다는 사실을 미리 알려주는 것이다. 하루 종일 함께 지내던 엄마가 어느 날 갑자기 보이지 않고 낯선 사람이 집에 있다면 아이는 불안하고 두려울 수밖에 없다. '어린 애가 뭘 알겠어?' 하고 그냥 넘어가서는 안 된다. 연구에 따르면, 아이는 생후 6개월부터 일상의 변화를 인지할 수 있으며 특히 1~2세 무렵에는 부모의 부재에 매우 민감하게 반응한다. 그래서 복직 일정을 정했다면 약 50일 전부터 아이에게 매일 꾸준히 설명해주는 것이 가장 좋다. 아이 눈높이에 맞게 언제, 누구와, 얼마나 함께 있을지 구체적으로 알려주자.

"엄마가 몇 밤 더 자고 나면 회사에 갈 거야. 엄마가 없을 때는 할머니가 오셔서 같이 놀아주고 밥도 주실 거야. 할머니랑 잘 지내고 있으면 저녁에 엄마 올게. 알았지?" 복직 하루 전날에는 이렇게 말해주자.

"엄마가 이제 회사에 가야 한다고 계속 이야기했지? 내일이 바로 그날이야. 아침엔 할머니가 오셔서 놀아줄 거야. 엄마는 시계의 긴 바늘이 12, 짧은 바늘이 7에 가면 올게."

이런 설명을 반복해서 들은 아이는 엄마의 말을 온전히 알아듣지는 못해도 막연하게나마 엄마의 부재를 이해할 수 있다.

그래도 초반에는 아침마다 아이가 울거나 매달릴 수 있다. 많은 엄마들이 우는 아이를 떼어놓기가 힘들다고 몰래 나가는데, 이런 행동은 좋지 않다. 인사를 하지 않고 갑자기 사라지면 배신감을 느껴서 부모에 대한 신뢰가 무너지고, 이것이 세상과 타인에 대한 불신으로 이어질 수 있기 때문이다. 마음이 힘들어도 반드시 다정한 작별 인사를 건네자. "엄마 이제는 회사에 가야 해. 할머니랑 재미있게 놀고 있어. 엄마는 약속대로 7시 되면 올게. 사랑해."

만약 아이가 자고 있을 때 출근해야 한다면, 이 두 가지를 꼭 해주자. 첫째는 자는 아이에게 뽀뽀하기이다. 이마나 볼에 뽀뽀를 해주면 잠결에도 부모의 따뜻한 사랑을 무의식적으로 느낀다. 둘째는 엄마

냄새가 나는 물건을 남기기이다. 체취가 배인 옷이나 인형을 아이 곁에 두자. 엄마의 냄새는 아이에게 가장 큰 안정감을 준다. 〈미국 소아정신의학 저널〉에 따르면, 엄마 냄새가 나는 물건은 아이의 스트레스 지수를 평균 30퍼센트 낮추는 효과가 있다고 한다.

복직 후에는 아이와 했던 약속을 반드시 지켜야 한다. 7시까지 오겠다고 했으면 반드시 그 시간을 지키자. 엄마가 말한 시간이 되면 반드시 돌아온다는 인식을 심어주어야 아이가 빠르게 안정을 찾을 수 있고 낮에도 덜 불안해한다. 만약 귀가가 늦어질 경우, 그냥 넘어가지 말고 미리 전화를 걸어 아이에게 설명을 해주자. 엄마만 흔들리지 않으면, 아이는 부모의 부재를 놀라울 만큼 잘 견디고 적응한다. 아이는 우리가 생각하는 것보다 훨씬 강하고 단단하다는 사실을 믿자. 아침마다 울며 매달려도 '곧 지나간다'를 되뇌며 하루하루 나의 삶을 묵묵히 걸어가면 된다. 엄마 역할을 잘하는 것도 중요하지만, 일하는 여성으로서 나 자신도 충분히 존중받아 마땅하다.

육아휴직을 언제, 어떻게 쓸지 고민이라면

육아휴직은 영유아 때 다 쓰지 말고 초등학교 입학 무렵 나눠서 쓰는 것을 추천한다. 1년 정도 휴직할 수 있다면 가장 좋겠지만, 어렵다면 6개월 또는 3개월이라도 사용하는 것이 좋다. 이 시기에 엄마가 곁에서 정서적 안정감과 생활 습관을 잘 유지해주면 3학년까지는 수월하게 지낼 수 있기 때문이다.

특히 이 시기에 아들은 대근육이 급격히 발달하면서 에너지를 많이 발산한다. 그런데 학교에서는 수업 시간 내내 자리에 앉아 있어야 하고, 쉬는 시간에도 얌전히 지내야 하는 경우가 많다. 아이가 특히 활발하다면 하교 후에는 마음껏 뛰어놀며 에너지를 발산할 시간을 주자. 학원이나 방과 후 돌봄 교실 등으로 평일에 놀 시간이 부족하다면 주말이라도 아이가 실컷 뛰어놀 수 있게 해주는 것이 좋다.

딸은 대체로 야무지고 스스로 학교생활을 잘해내서 '굳이 육아휴직까지는 필요 없겠지' 싶을 수 있다. 하지만 이럴 때일수록 꼭 눈여겨봐야 하는 것이 있다. 바로 친구 관계다. 아무래도 끼리끼리 문화가 뚜렷하다 보니 친구 그룹에 끼지 못하면 학교생활을 힘들어할 수 있어서이다. 특히 저학년일 때는 '엄마 친구 아이=내 친구'가 되는 경우가 많아서 엄마들 간의 관계가 아이에게 생각보다 많은 영향을 미칠 수 있다. 초등학교 고학년으로 갈수록 친구 문제가 훨씬 복잡하고 예민해지는데, 이 때문에 직장을 그만두는 엄마들도 의외로 많다.

아들이 활발하고 운동을 좋아한다면 일곱 살 무렵부터 또래 축구 모임을 알아보길 추천한다. 보통 이 시기에는 전업맘 중심으로 축구 그룹을 만들기 때문에, 워킹맘 아이들이 뒤늦게 참여하기 어려운 경우가 많다.

나도 첫째 때는 그런 정보를 몰랐다. 입학하고 보니 이미 축구 그룹이 만들어져 있었고 거기 속한 아이들은 학교생활에도 빠르게 적응하며 잘 해나갔다. 엄마들도 끈끈한 네트워크로 정보를 공유하며 학부모 생활을 즐겁게 해내고 있었다.

알다시피 이미 형성된 그룹에 끼어드는 건 생각보다 어렵다. 그래서 둘째 때는 입학 전에 미리 엄마들에게 의사를 전달했고, 덕분에 일곱 살 때부터 자연스럽게 축구 그룹에 합류할 수 있었다.

남자 아이에게 축구 그룹은 단순한 운동이 아니라 친구를 사귀는 장이다. 또한 엄마에게는 여러 정보와 정서적 지지를 나눌 수 있는 든든한 커뮤니티이다. 퇴근이 늦어지거나 회사 일정으로 행사 참석이 어려울 때 다른 엄마들이 아이를 함께 챙겨주는 문화는 큰 힘이 되어준다. 그러니 꼭 축구가 아니어도 아이가 초등학교 시기를 잘 보낼 수 있는 적절한 커뮤니티를 만들어주려는 노력을 아끼지 말자.

• TIP •
복직 초기에
꼭 기억할 것들

1. 나에게도 적응할 시간을 주자

오랜만에 다시 직장으로 복귀한 만큼 나에게도 적응할 시간이 필요하다. 3개월에서 최대 6개월 정도는 마음의 여유를 가지고 천천히 워킹맘 모드로 전환하자.

2. 아이 걱정보다 나의 컨디션을 관리하자

한동안 집에 있다가 매일 출퇴근을 하면 체력도 감정도 금방 소진된다. 복직 초기에는 아이 걱정보다는 나의 건강, 체력, 감정 관리에 집중하자.

3. 하루하루에 충실하자

갑자기 역할이 늘어나고 할 일이 많아지면 몸도 마음도 힘들 때가 많다. 멀리 보려하지 말고, 일단 오늘 하루를 잘 보내는 데 집중하자.

할머니 육아에서
엄마가 지켜야 할 것들

강연을 할 때 "지금 할머니 육아를 하고 있으신 분?" 하고 물으면 열 명 중 평균 여섯 명 정도는 손을 든다. 시대가 많이 바뀌었다지만, 여전히 양가 부모님의 도움이 없이는 일과 육아를 병행하기 힘든 현실이 안타깝기만 하다.

요즈음은 "나는 절대 손주 육아는 안 한다"라고 미리 못 박는 분들도 정말 많다. 그러니 만약 지금 양가 부모님의 도움을 받고 있다면, 매일 진심으로 감사하는 마음을 가져야 한다. '노후에 절대 하지 말아야 할 일'에 '손주 육아'가 포함되는 상황에서 부모님이 아이를 돌봐주신다면, 그 자체만으로 당신들의 편안함보다 자녀들의 삶을 더 소중하게 여기는 사랑의 표현이라고 봐도 좋을 것이다.

그럼에도 조부모 육아에는 장점과 단점이 너무나 분명하게 공존하기에, 때로는 불편하고 스트레스를 받는 것도 사실이다. '배부른 소리'라 할 수도 있지만 육아 방식의 차이, 역할 기대의 불일치, 어릴 때 해결되지 않은 상처에서 비롯된 크고 작은 갈등을 겪는 경우도 많다. 특히 친정 엄마일 경우 마음이 편한 만큼 불만을 쉽게 표출하다 보니 감정이 쌓여서 관계가 틀어지는 경우도 많다. 그러니 '할머니 육아'를 선택했다면, 처음부터 서로 상처받지 않기 위한 노력이 반드시 필요하다.

할머니 육아에서 자주 볼 수 있는 "오냐, 오냐"식 반응을 무조건 안 된다고 하지 말고, 인정할 것은 인정하면서 타협할 수 없는 육아 원칙을 분명히 정해두자. 어른에게 예의 없이 행동하는 것, 떼를 쓰거나 울면 해달라는 대로 해주는 것, 자기 전 초콜릿이나 사탕을 먹는 것, 하루에 몇 시간 이상 텔레비전이나 스마트폰을 보는 것 등은 확실히 기준을 정해두자.

할머니 육아를 할 때 기억해야 할 점

1. 어느 정도는 마음을 비운다

대부분의 조부모님은 예전의 육아 방식대로 아이를 보살핀다. "요즘은 아무도 그렇게 안 해요"라며 지적하거나 최신 육아 정보를 전달하면서 이대로 해달라고 하면 자존심이 다칠 수 있다. 내 방식대로 키우고 싶다면, 내가 직접 키워야 한다. 책 읽기, 공부와 숙제 등 학습은 부모가 담당하고, 조부모님에게는 식사, 씻기, 등하원 도움 등 돌봄 위주로 역할을 분담하면 이런 갈등을 다소 줄일 수 있다.

2. 할머니의 건강을 챙겨드린다

젊은 부모에게도 육아가 힘든데 체력이 약한 어르신에게는 얼마나 힘들겠는가. 영양제, 양질의 식사, 건강검진 등을 정기적으로 챙겨드리는 것은 최소한의 예의이다.

3. 할머니의 삶을 존중한다

할머니에게도 친구 모임, 취미 생활, 여가가 있다. 퇴근 이후나 주말에는 개인 시간을 보낼 수 있게 해드려야 한다.

4. 아이 안부보다 할머니 안부가 먼저

집에 오자마자 내 아이부터 챙기는 행동이 반복되면 아무리 부모라도 서운할 수 있다. 곧장 아이에게 달려가기보다 하루 종일 아이를 돌본 할머니에게 감사한 마음을 담아 따뜻한 인사를 건네자. 육아의 고단함을 녹이는 건 사소한 말 한마디이다.

5. 세상에 공짜는 없다

아무리 형편이 어려워도 공짜 육아는 기대하지 말자. 매달 일정한 비용을 드리는 것은 기본 중의 기본이다. 계좌 이체보다는 감사의 편지 한 장과 함께 봉투에 담아서 드리면 받는 부모님 입장에서도 보람과 고마움이 더 커질 것이다.

6. 육아 기한을 미리 정한다

부모님에게 아이를 몇 살까지 맡길지 처음부터 반드시 합의를 해야 한다. 합의 없이 계속 할머니가 아이를 키우다 보면 엄마와의 관계가 모호해지거나 할머니가 엄마의 자리를 대신하는 일이 생길 수도 있다. 서로의 오해와 불필요한 갈등을 막기 위해서라도 언제까지 육아 도움을 받을 것인지를 미리 정해두는 것이 좋다.

7. 만약을 대비한다

할머니가 아프시거나 사정이 생겨 아이를 돌볼 수 없는 상황은 언제든 생길 수 있다. 그래서 육아는 한 사람에게 전적으로 의지하지 말고 항상 플랜 B를 준비해두는 것이 좋다. 믿을 만한 어린이집이나 베이비시터 정보를 체크해두자. 가끔 '할머니 없는 날'을 만드는 것도 좋다. 아이가 할머니에게 지나치게 의존하지 않도록 미리 연습할 수 있고, 할머니에게도 깜짝 휴가를 줄 수 있다.

할머니에게 육아를 맡겨도 정서 교류는 필수

부모님에게 양육을 주로 맡기는 엄마들은 종종 "애가 나보다 할머니를 더 좋아해요"라며 서운함을 토로한다.

그 심정은 충분히 이해한다. 하지만 아이가 할머니를 잘 따른다는 건, 그만큼 할머니와 친밀하고 안정적인 애착이 형성되어 있다는 긍정적인 신호이기도 하다. 할머니가 아이를 잘 보살피지 않으면 그런 애정과 신뢰는 불가능하다. 그러니 먼저 감사한 마음을 갖는 것이 필요하다.

아이들은 어릴 때는 주 양육자에게 애착을 보이지만 성장하면서 자연스레 엄마에게 정서적으로 의지하게 된다. 그러니 아이가 할머니와 착 붙어 지내더라도 아이와 정서적으로 교류하는 시간은 꾸준히 가져야 한다. 함께 있는 시간이 부족해도 짧은 대화, 따뜻한 스킨십, 소소한 추억을 의식적으로 쌓으려는 노력이 필요하다. 그런 노력조차 없다면 아이는 부모와 있는 시간을 오히려 낯설어할 수도 있다. 육아에서 나누는 것은 역할이지 정서적 유대감이 아니다.

• TIP •

할머니가 손주 육아를 통해 보람을 느끼게 하는 방법 3

1. 감사 표현은 자주, 눈에 보이게

할머니들이 서운할 때 흔히 "키운 공이 없다"는 말씀을 하신다. 아무리 정성을 쏟아도 인정받지 못해 속상하다는 뜻이다. 할머니의 수고가 헛되지 않았음을 눈에 보이게, 자주 표현하자. 특히 "어머니 덕분에 아이가 인사를 잘한다고 주변에서 칭찬을 많이 들어요", "엄마 밥 먹고 자라서인지 애가 잔병치레를 안 하네요. 고마워요"처럼 구체적인 내용을 함께 전하면 더욱 효과적이다.

2. 청소나 집안일까지 부탁하지 말자

아이를 돌보는 것도 충분히 힘든 일이니 식사 준비나 청소까지 기대하지는 말자. 혹시 도와주신다면 정말 감사한 일이지만, 이걸 결코 당연하게 여겨서는 안 된다.

3. 아이에게 "할머니 감사합니다"를 연습시키자

아이가 할머니를 잘 챙기고 마음을 표현하도록 습관을 만들어주자. "할머니가 최고!", "할머니 사랑해요" 한마디에 힘을 얻으실 것이다. 엄마가 먼저 시범을 보이면서 아이가 자연스레 따라 하도록 이끄는 것이 좋다.

상처 준 뒤에
아이 마음을
어루만지는 법

　　　　　　　　　부모도 사람인지라 감정을 조절하지 못해 아이에게 해서는 안 될 말을 쏟아낼 때가 있다. 그럴 때는 반드시 '회복의 시간'을 갖자. 말로만 "미안해" 하는 형식적인 사과가 아니라, 진심으로 사과하면서 아이와 감정을 나누는 과정이 필요하다.

　미국의 소아정신과 전문의인 로스 그린 박사는 CPS라는 양육 모델을 통해 "아이의 정서 안정에 가장 많은 영향을 미치는 요인은 완벽한 부모가 아니라, 실수 후 회복하는 부모다"라고 말했다. 부모가 실수했을 때 어떤 태도로 아이와 관계를 회복하는가가 아이의 정서적 안정감에 결정적 영향을 미친다는 것이다.

　하버드대 인간발달센터의 연구에서도 부모가 자녀에게 화를 낸 뒤 진심으로 감정을 나누고 사과했을 때, 아이의 스트레스 반응이 40퍼센트 이상 감소하며 관계에 대한 신뢰도는 오히려 상승한다고 밝힌 바 있다.

그렇다면 상처를 준 뒤, 어떻게 아이와 대화를 풀어가야 할까? 먼저 엄마가 왜 화를 냈는지 차분하게 설명해야 한다. 아이들은 의외로 부모가 무엇 때문에 화가 났는지 모르는 경우가 많다.

다음으로 아이의 감정이 어떤지 꼭 물어야 한다. 부모의 화난 모습을 보며 어떤 기분이 들었는지, 무엇이 무서웠고 속상했는지를 물어보자. 모른다고 말하면 감정 단어를 활용해 "속이 상했어?", "엄마가 무섭게 느껴졌어?" 같은 식으로 물어보는 것도 좋다. 간혹 아이가 "엄마가 너무 미웠어", "엄마가 없어졌으면 좋겠다고 생각했어" 해도 절대 화를 내지 말아야 한다. 이렇게 솔직하게 말할 수 있다는 건 아이의 정서 회복력이 그만큼 건강하다는 신호이기 때문이다. "엄마가 무섭게 화를 내서 미웠구나. 그렇게 느끼게 해서 정말 미안해. 앞으로는 무섭게 말하지 않을게." 이처럼 아이가 사용한 감정 단어를 반복하면서 설명하면 '엄마 아빠가 내 마음을 이해하고 있어'라고 느낄 수 있다.

심리학 이론에 '1대 3 정서 회복 법칙'이 있다. 한 번의 부정적 경험은 세 번의 긍정적 경험으로 충분히 회복할 수 있다는 의미이다.

우리도 부모가 처음이다. 아이가 다섯 살이면, 부모 나이도 다섯 살이다. 서툰 것이 당연하다. 중요한 것은 앞으로 어떻게 할 것인가이다. 오늘부터 아이에게 긍정적이고 따뜻한 말과 마음을 전하면 아이의 상처는 얼마든지 회복될 수 있다. 변함없는 사랑과 꾸준한 연습으로 아이를 지켜줄 든든한 울타리가 되어주자.

만약 아이가 화가 많다면 화를 줄이는 데 특효인 공감과 인정의 말을 하루 한 번이라도 의도적으로 건네보자.

"기분 나빴겠네."

"진짜 짜증 났겠다."

"오~ 느낌 좋다!"

"멋지다!"

감정에는 좋고 나쁨이 없다. 어떤 감정이든, 그렇게 느끼는 데는 다 이유가 있다. 그러니 이 감정이 옳은지 그른지를 따지기 전에 먼저 마음을 인정하고 고스란히 받아주자. 그것이야말로 아이의 마음을 진정시키는 가장 효과적인 방법이다.

• TIP •

지금 당장 실천하는
감정 회복법

1. 하루 기분 물어보기
"오늘 기분은 10점 만점에 몇 점이야?", "오늘 뭘 할 때 기분이 제일 좋았어?" 아이가 하루의 기분을 돌아볼 수 있게 적절한 질문을 해주자. 이런 경험이 쌓이면서 자연스레 하루를 정리하고, 자신의 감정을 스스로 인식하는 능력이 길러진다.

2. 감정에 이름 붙이기 놀이
다양한 감정 단어를 알려주면 자신이 느끼는 기분과 마음이 어떤지 좀 더 깊게 고민하게 된다. 부정적인 감정에 화가 남, 속상함, 슬픔, 짜증, 서운함 등이 있다는 것을 알고 나면 아이도 점점 "나 지금 화가 났어", "속상해"라고 스스로 표현한다.

3. 감정 스티커 붙이기 놀이
냉장고나 벽에 다양한 감정 스티커를 붙일 수 있게 하면 말로 표현하기를 어려워하는 아이도 좀 더 편안하게 감정을 표현할 수 있어서 아주 효과적이다.

바쁜 부모를 위한 핵심 요약

1. 5세까지는 아이 물건에 돈을 쓰지 말자

이 시기에 아이는 오감으로 느끼면서 성장한다. 그러니 물건이나 학습비보다 경험에 투자하자. 이때 쌓은 경험이 평생의 자산이 된다.

2. 부모는 친구가 아니다

부모는 어른이고 아이는 어른에게 배워야 한다. 넘지 말아야 할 선은 분명하게 알려주는 것이 올바른 훈육이고 사랑이다.

3. 하루 10분으로 아이 마음을 얻는 법

퇴근 후에는 옷 갈아입기, 저녁 준비를 잠시 미뤄두고 단 10분만 아이의 눈을 바라보며 대화하자. 하루 10분이 부모와 아이 사이를 단단히 이어주는 연결고리가 된다.

4. 하루를 행복하게 시작하면 평생이 달라진다

그날의 기분은 아침에 결정된다. 까다롭고 예민한 아이일수록 웃으며 하루를 시작할 수 있도록 도와주자. 그러기 위해 가장 필요한 것은 엄마가 여유로운 마음 상태를 유지하는 것이다.

5. 혼자 놀아도 괜찮다

혼자 노는 시간은 외로운 시간이 아니다. 이때 아이는 지루함을 견디고 스스로 재미를 발견하는 힘을 키운다.

6. 열 살 이전까지 인생의 기본기를 가르치자

열 살까지는 인사하기, 약속 지키기, 사과하기 같은 기본적인 예의범절과 사회성을 제대로 가르쳐야 한다. 인성을 갖춘 아이는 어딜 가도 사랑과 신뢰를 받는 사람으로 성장할 수 있다.

7. 매일 존중받는 아이일수록 자존감이 높아진다

아이들은 거창한 것을 바라지 않는다. 부모가 나의 말에 귀 기울여주고 진심으로 반응해줄 때 느끼는 안정감과 따뜻함이면 충분하다.

8. 아이의 뇌를 망가뜨리는 행동 3

무엇을 더 해줄까 고민하기보다, 무엇을 하지 말아야 할지 먼저 생각해보자. 습관적으로 내쉬는 한숨, 무표정, 날이 선 호칭이 아이를 움츠러들게 만든다.

9. 어릴 땐 단호하게, 사춘기일 땐 부드럽게

도덕성과 자기조절을 가능하게 하는 마음 근육은 어릴 때 형성된다. 어린 시절에는 단호하고 일관된 훈육으로 분명한 경계를 알려주고, 사춘기가 되면 짧고 단호하면서도 부드럽게 말해주자.

10. 스마트폰을 이기는 아이는 없다

'잠깐만'도 반복하다 보면 아이의 두뇌와 정서 발달에 치명적인 영향을 미친다. 아이를 혼내기 전에 미리 스마트폰에 빠지지 않는 환경을 만들어주자.

11. 인성 좋은 아이 뒤에는 반드시 아빠가 있다

아빠와의 관계가 아이의 인성과 삶의 태도에 결정적인 영향을 미친다. 특히 딸의 경우, 아빠와 좋은 관계를 유지할수록 이성 교제 및 성관계 시기가 늦어지는 경향이 있다.

12. 재능은 찾는 게 아니라 발견하는 것

공부, 성적, 등수 같은 잣대를 내려놓고 아이를 있는 그대로 바라볼 때, 비로소 내 아이의 타고난 재능을 발견할 수 있다.

13. 집안일을 하는 아이가 세상을 더 잘 살아간다

아이들에게 집안일을 시켜야 하는 이유는 단순히 일을 분담하기 위해서가 아니다. 집안일은 책임감, 성실함, 자율성, 문제 해결력을 기르는 데 가장 좋은 훈련법이다.

14. 집안 행사는 최고의 인성교육 현장이다

집안 행사에 가급적 아이를 데리고 가자. 집안 행사는 단순한 친척 만남이 아니라 넓은 의미의 가족을 배우고 예의를 익히며, 나의 정체성과 뿌리를 발견하는 좋은 학습의 장이 된다.

15. 영양제와 보약보다 건강한 밥 한 끼

아이들이 먹는 모든 음식은 신체 발달, 정서 안정, 두뇌 발달에 영향을 미친다. 꼭 집밥이 아니어도 인스턴트를 줄이고 조금이라도 건강한 음식을 먹을 수 있도록 신경 쓰자.

16. 아파트에서도 품앗이 육아를 할 수 있다
양가 부모의 도움을 받기 어려운 상황이라면 이웃 엄마들과 품앗이 육아를 해보자. 공동 육아를 넘어 엄마들끼리 서로를 응원하고 지지하는 중요한 울타리가 되어준다.

17. 아이와 함께 준비하는 복직 A to Z
아이들은 우리가 생각하는 것보다 훨씬 강하고 단단하다. 엄마만 흔들리지 않으면 아이는 부모의 부재를 놀라울 만큼 잘 이겨낸다.

18. 할머니 육아에서 엄마가 지켜야 할 것들
친정엄마나 시어머니가 내 아이를 돌봐주는 일은 결코 당연한 일이 아니다. 항상 감사한 마음을 가지고 매달 양육비도 챙겨드리자. 만약을 대비한 '플랜 B'도 미리 마련해두어야 한다.

19. 상처 준 뒤에 아이 마음을 어루만지는 법
한 번의 상처는 세 번의 긍정적 경험으로 극복할 수 있다. 너무 자책하기보다는 어떻게 하면 아이가 상처를 잘 추스를 수 있을지 고민해보자.

우리 아이 공부법 이제는 달라야 산다

매일 무탈하게 귀가하는 것으로 충분하다

'20년 뒤 오늘, SNS에 올리고 싶은 게시물이 있다면 무엇인가요?'

EBS의 한 프로그램에서 초등학교 5학년 아이들에게 질문하자, 아이들은 그림과 글로 저마다의 미래를 표현했다. 상기된 표정으로 "최연소 교수가 되어 제자의 졸업식에 참석하고 있을 거예요" 하는 아이도 있었고 "아이폰 디자이너가 되어 새로운 디자인을 선보일 거예요"라고 야무지게 답변하는 아이도 있었다. 평소 꿈꿔왔던 자신만의 꿈을 당당하게 소개하는 아이들이 참 예뻐 보였다. 하지만 이런 답변을 하는 아이들도 있었다.

"그냥 백수로 살고 있을 것 같은데요", "편의점에서 알바하면서 조기 축구나 할 거예요."

"공부는 계속할 생각 없니?"

교사의 질문에 아이의 대답은 단호했다.

"없어요. 공부는 겁나 지겨워요."

초등학교 5학년 아이 입에서 "백수로 살고 있을 거예요", "공부는 겁나 지겨워요" 같은 말이 나오는 현실이 안타까웠다.

이것이 과연 아직 원하는 꿈을 찾지 못한 몇몇 아이만의 사례일까? 의외로 많은 아이들이 아무 생각 없이 살거나 꿈은 현실이 될 수 없다고 믿으며 살아간다. 무엇이든 꿈꾸고 관심 가지며 멋진 미래를 상상해야 하는 초등학생들이, 희망보다 포기를 먼저 배우는 것이 지금 우리 교육의 현실이다.

"나는 최연소 교수가 될 거야!" 하며 자신감과 목표를 가지고 생활하는 아이와 "편의점 알바나 하며 살겠지" 하는 마음으로 생활하는 아이의 하루가 과연 같을까. 시간이 지날수록 둘의 방향은 완전히 달라질 것이다.

《꿈을 이뤄주는 책》의 저자 로버트 콜리어는 "성공은 매일 부단하게 반복한 작은 노력의 합이다"라고 말했다. 매일 반복하는 행동이 모여 10년, 20년 뒤 아이가 어떤 삶을 살아갈지 결정하는 데 막대한 영향을 미친다.

하지만 현실은 이런 말이 무색할 만큼 하루 24시간이 대학 입시에 맞춰져 있다. 지금 아이들에게 꿈은 미디어에서나 하는 말, 분명 존재하지만 유니콘처럼 실체가 없는 말, 극소수 금수저들만 욕심낼 수 있는 것이 되어버렸다.

성적에 신경 쓰지 않는 아이는 없다

뉴스에서 자식 같은 아이가 학업 스트레스를 이기지 못하고 극단적인 선택을 했다는 소식을 접할 때면 마음이 무너져 내린다. 아이가 세상에 없는데 좋은 점수나 명문대 간판 같은 것이 무슨 소용인가. 명예와 주변의 부러움이 무슨 의미가 있을까.

학교는 꼭 공부를 하기 위해 다니는 곳만은 아니다. 혹시 아이가 성적은 별로여도 친구들과 놀기 위해, 급식이 맛있어서, 혹은 선생님과 마음이 통해서 매일 학교에 간다면 그것만으로도 진심으로 고마워해야 한다.

학년이 올라갈수록 아이들이 학교에 가기 싫어하는 이유는 수없이 많다. 못하는 과목 때문에, 나를 괴롭히는 친구가 있어서, 마음에 안 드는 친구와 마주치는 게 싫어서, 선생님의 눈치를 보기가 싫어서, 수업 시간 내내 가만히 앉아 있는 게 너무 지겨워서…… 그래도, 설령 늦잠을 자고 지각을 할지라도 매일 학교에 간다는 것. 이것이 얼마나 대단한 일인지 우리는 알아야 한다.

아침에 집을 나선 아이가 저녁에 무사히 돌아오는 것도 결코 당연한 일이 아니다. 이 자체가 기적임을 잊지 말아야 한다. 공부는 그다음이다. 건강하게 내 곁에 있다는 것만으로도 감사하자. 세상 무엇과도 바꿀 수 없는 귀한 아이에게 등수와 성적을 문제 삼아 상처를 주다

간, 결국 가장 소중한 존재를 잃어버릴지도 모른다.

그러니 내일부터 귀가한 아이를 보며 다정한 눈빛으로 "잘 다녀왔어?"라고 인사하자. 힘들게 오늘 하루를 버텨낸 아이에게 건네는 부모의 따뜻한 한마디가, 어쩌면 살아갈 이유가 되어줄 수도 있다.

공부머리가 없는
아이를 대하는 법

아이가 수시로 책을 펴고, 쉬는 시간에 알아서 문제집을 풀고, 귀가 후에도 공부를 한다면 그 아이는 분명 공부 재능을 타고난 것이다. 이런 아이는 공부하는 행위 자체를 즐거워하기 때문에 우리는 집중할 수 있는 환경만 만들어주면 된다. 하지만 대부분의 아이들은 그렇지 않다. 예체능은 타고난 재능이 중요하다고 말하면서, 왜 공부는 누구나 노력하면 잘할 수 있다고 믿는 걸까? 공부도 분명 재능인데 말이다.

미국의 심리학자 하워드 가드너 Howard Gardner가 발표한 '다중지능 이론'이 있다. 그에 따르면 "인간은 단 하나의 지능이 아닌, 최소 여덟 가지의 다양한 지능을 가지고 태어난다." 그가 제시한 여덟 가지 지능은 언어, 논리·수학, 공간, 신체·운동, 음악, 대인관계, 자기성찰, 자연 지능이다. 이 이론에 따르면 공부를 못하는 것은 무능함이 아니라,

다른 분야의 지능이 더 발달한 것이다. 그러니 아이가 어떤 상황에서 몰입하는지, 무엇을 할 때 눈빛이 달라지는지를 주의 깊게 관찰해보자. 모든 아이 안에는 반드시 재능이 숨어 있다.

우리 집의 경우, 두 아들 모두 공부보다는 몸을 움직이는 걸 훨씬 좋아했다. 운동을 할 때 집중력과 신체 반응이 남달라서 처음부터 그 부분을 주목하고 지켜보게 되었다. 만약 내가 두 아이의 재능을 알아보지 못한 채 계속 공부만 시켰다면 어땠을까? 아마 아이들은 재미도 관심도 없는 학원을 오가며 자신감을 잃고, 나와의 관계도 점점 나빠졌을 것이다.

2023년 발표된 OECD 보고서에 따르면 한국 청소년의 60퍼센트 이상이 학교 생활에서 행복을 느끼지 못한다고 한다. 또한 2018년 서울대 행복연구센터가 실시한 조사에 따르면 서울대 재학생의 45퍼센트가 심각한 우울감을 경험한 적 있다고 답했다. 명문대 입학이 행복을 보장하지 않는다는 걸 우리 모두 알면서도, 학년이 올라갈수록 내심 내 아이가 더 좋은 대학에 합격하기를 바라는 욕심을 갖게 되는 것은 어쩔 수 없다.

그래도 이제는 세상이 달라졌다는 사실을 좀 더 적극적으로 받아들이자. 지금 초등학생들이 대학에 진학할 시기가 되면 정원이 미달하는 대학이 넘쳐날 것이며, 명문대 입학이 좋은 직장으로 이어지지도 않을 것이다. 가장 밝고 명랑해야 할 시기에 아이가 불행을 느낀다면 과연 청년이 되어서 행복할 수 있을까? 그렇다면 지금 우리가 가장 중요하게 여겨야 할 점이 무엇인지 알 수 있다.

최근에 아이가 웃는 소리를 들어본 적이 있는가? 별것 아닌 일에도 까르르 웃던 아이가 요즘은 유독 무표정하거나 시무룩하다면 그냥 넘기지 말자. 어떻게 하면 아이 얼굴에 다시 생기가 돌지, 진심으로 고민해야 한다. 웃음을 잃은 아이는 방향을 잃은 나침반과 같다. 아이의 웃음을 되찾는 일이 아이의 미래를 되찾는 일이다.

남들처럼 하는 아이 말고, 남과 다른 아이

지난해 한 예능 프로그램에 배우 송일국 님과 그의 세 아들이 출연했다. 육아 예능에서 보았던 아기 때 모습은 사라지고 어느새 훌쩍 커버린 아이들은 달라진 얼굴만큼이나 성격과 개성도 제각각이었다. 방송에서 송일국 님은 이렇게 말했다. "저는 태교를 안 믿어요. 뱃속에서 똑같이 나왔는데 셋 다 완전히 달라요."

한날한시에 태어난 쌍둥이도 이렇게 다른데 우리 아이들은 오죽할까. 생김새만큼이나 기질, 성격, 개성, 재능, 관심 분야가 모두 다른 아이들을 '성적'이라는 하나의 잣대로 평가하는 것은 말이 안 된다.

유대인들은 아이 각자의 개성을 존중하는 교육으로 유명하다. 이들은 아이가 어릴 때부터 다른 친구들처럼 하라거나 남들보다 더 잘하라고 요구하지 않는다. 대신 "남과 다른 사람이 되어라"라고 가르친다.

유대인 출신의 세계적인 영화감독 스티븐 스필버그도 마찬가지다. 부모가 어릴 때부터 그의 남다른 재능을 발견하고 인정한 덕분에 그는 원하는 것을 마음껏 탐색하며 창의성을 키울 수 있었다. 어린 스필버그가 영화를 찍고 싶어 하자 어머니인 리아 아들러는 그의 첫 번째 관객이 되어주었고, 필요한 장비를 구해주며 적극 지원했다.

스필버그 감독의 아버지인 아놀드 스필버그 역시 아들의 창의력을 키우는 데 중요한 역할을 했다. 아들이 밤하늘의 유성을 관찰하는 것을 좋아한다는 사실을 알고, 기상청 예보를 확인해 아들을 데리고 사막으로 떠났다는 일화는 유명하다. 부자는 그곳에서 함께 밤하늘을 바라보며 우주의 신비로움을 이야기했는데, 그날의 경험은 5년 뒤 스필버그의 데뷔작 〈불꽃〉으로 이어졌다.

세계를 사로잡은 로봇공학자 데니스 홍도 마찬가지이다. 그의 부모는 어릴 때부터 호기심이 남달라서 사고를 많이 쳤던 아들을 혼내기보다 오히려 호기심이 잘 발현되도록 이끌어주었다. 데니스 홍이 유치원에 다닐 무렵 아버지는 손수 나무로 짠 공작대와 톱, 망치, 칼 등을 마련해주었고 그는 공구로 뭔가를 뚝딱뚝딱 만들며 놀 수 있었다. 또한 가전제품의 작동 원리가 궁금해 라디오, 청소기, 세탁기, 심지어 새로 산 지 사흘밖에 안 된 컬러 TV까지 모두 뜯어내 내부를 들여다보았을 때도, 부모님은 이것이 아들에게 중요한 놀이임을 이해해주었다.

아파트 옥상에 올라가 직접 만든 로켓을 터트려 주민들을 놀라게 하고, 한강 공원에서 무선 조종 비행기를 날리다 간첩으로 오해받아 경찰서에 잡혀갔을 때도 부모님은 일련의 소동을 아이의 성장 과정으로 받아들였다.

만약 내 아이가 어릴 때부터 이런 행동을 했다면 우리는 어떻게 반응했을까. '이 아이는 정말 특별해, 확실히 남과 달라' 했을까? 아니면 '얘 때문에 창피해 죽겠어. 왜 이렇게 산만하고 사고만 칠까?' 하며 답답해했을까?

아이가 가진 비범함을 찾아주자

우리는 종종 비범한 사람들을 보며 '어릴 때부터 남달랐겠지', '부모가 머리가 좋았겠지' 생각한다. 하지만 데니스 홍은 이렇게 말한다.

"나는 일방적인 주입식 교육, 무조건 외우게 하는 암기식 교육을 싫어했습니다. 받아쓰기만 하면 매번 빵점을 맞았습니다. 단어 구분을 못해서 국어 점수도 낮았고 사회, 지리, 도덕에서는 가를 받은 적도 있습니다. 하지만 산수, 과학, 미술은 늘 수를 받았습니다."

스티븐 스필버그의 부모나 데니스 홍의 부모도 우리처럼 평범했지만, 한 가지 중요한 차이점이 있었다. 그들은 아이를 믿었고, 아이가 가진 비범함을 끊임없이 관찰하고 기다려주었다.

물론, 이건 말처럼 쉬운 일이 아니다. 주변의 시선, 조급함, 불안함을 모두 이겨내야 가능하다. 하지만 그 믿음이야말로 아이가 자신만의 꽃을 피워내는 가장 큰 힘이 된다.

2024년 세계경제포럼WEF 보고서에 따르면 앞으로의 핵심 역량은 창의력, 문제 해결력, 비판적 사고력이라고 한다. 암기를 잘해서 받는 좋은 성적으로는 더 이상 경쟁력을 확보하지 못한다.

이제는 문제를 새롭게 바라보는 관점, 예상하지 못한 상황을 유연하게 풀어내는 능력이 진짜 실력이 되었다. 그래서 무난한 아이보다 자기만의 색깔을 확고히 가진 아이가 더 큰 기회를 얻을 것이다.

세상은 '공부만 잘하는 아이'보다, '무언가에 미친 듯 몰입하는 아이'를 원한다. 요즘 기업들은 학교 성적보다 우리 산업을 진심으로 사랑하고 깊이 파고드는 사람, 즉 '덕후'를 더 선호한다. 덕질을 하는 사람은 단순히 즐기는 수준을 넘어 그 분야에 남다른 지식과 통찰을 가지고 있기 때문이다.

그러므로 부모의 시선을 먼저 바꾸어야 한다. 무조건 공부를 잘하는 아이가 아니라, 자신이 좋아하는 분야를 깊이 탐구하고 몰입할 줄 아는 아이가 진짜 인재다. 그리고 몰입의 대상이 반드시 학문일 필요는 없다. 게임, 만화, 역사, 우주, 공룡, 구름, 자동차…… 아이가 사랑하는 것이 무엇이든, 거기서 미래의 직업이 생겨날 수 있다.

어쩌면 내 아이가 '자꾸 사고를 치는 문제아'가 아니라 '세상의 기준에 맞지 않는 창의적인 인재'일 수 있다. 학교에 적응을 못하는 것이 아니라 제도권 바깥에서 자신의 길을 개척 중일 수도 있다. 남과 다른 아이는 남과 다른 부모가 만들어낸다.

• TIP •

아이의 남다름을 키워주는 법 5

1. "남과 달라도 된다"라는 말을 자주 들려주자
부모가 하는 말은 아이의 무의식에 자연스레 자리 잡는다. 다르게 생각하고 행동해도 괜찮다는 메시지를 일상에서 자주 전달하자.

2. 아이의 질문을 귀찮아하지 말자
아이가 궁금해하는 것을 성실하게 들어주고, 함께 답을 찾는 과정을 즐기자. 이 과정 자체가 아이의 사고력과 탐구심을 키워주는 최고의 교육이다.

3. 남다른 관심사를 보일 때 불안해하거나 조급해하지 말자
"너는 왜 이런 것만 좋아하니?" 같은 말을 하지 말고, 무엇이든 관심 가지는 영역에 몰입할 수 있도록 환경을 조성해주자.

4. 아이와 함께 다양한 경험을 하자
가장 좋은 방법은 함께 여행을 다니는 것이다. 새로운 풍경과 낯선 상황을 자주 경험하게 해주어 아이의 감각을 일깨우고 관점을 넓혀주자.

5. 아이만의 속도를 존중한다.
'다른 아이들은 다 하는데 왜 우리 애는…….' 이런 비교는 당장 멈추자. 언제나 내 아이가 기준이다. 부모가 기다려주면 아이는 반드시 자기만의 속도로 피어난다.

공부를
왜 해야 하냐고
묻는 아이에게

"공부를 왜 해야 해?"

시키는 대로 학원도 잘 다니고 문제집도 열심히 풀던 아이가 어느 순간 공부에서 슬슬 손을 놓을 때가 있다. 우리 아들들도 그랬다. 이 과목을 대체 왜 배워야 하는지, 이걸 외우는 게 나중에 먹고사는 데 어떤 도움을 주는지 모르겠다며 시험 기간에 볼멘소리를 하곤 했으니 이런 질문을 하는 것은 당연한 반응일 것이다.

'공부를 왜 해야 하냐'는 질문은 단순한 투정이 아니다. 아이 스스로 공부가 내 삶과 어떻게 연결되는지 고민하기 시작했다는 뜻이다. 이때 가장 먼저 할 일은 아이 마음을 인정하고 수용해주는 것이다.

"공부하기 싫지? 맞아. 엄마도 어릴 때 정말 하기 싫었어. 원래 공부는 누구나 하기 싫은 거야."

이 한마디로도 아이는 '나만 이런 게 아니구나. 내가 이상한 게 아니라 자연스러운 거구나' 하고 안도할 수 있다. 반대로 "그럼 학생이 공부 안 하면 뭐 하려고?", "남들 다 하는 공부인데 왜 너는 유난이야?" 같은 말은 '역시 엄마하고는 말이 안 통해' 하며 마음의 문을 닫게 만들 수 있다.

"공부는 꼭 시험을 잘 치기 위해서 하는 게 아니야. 네 인생은 소중하니까, 너의 가능성을 넓히려고 하는 거야."

"너 스스로 목표를 세우고 노력해서 원하는 결과를 얻는 과정 자체가 공부야."

"공부는 하기 싫은 마음을 이겨내고 작은 목표를 하나씩 달성하는 훈련을 하는 과정이야. 네가 온전히 세운 계획을 매일 실행하고 목표까지 달성하면 자신감이 얼마나 커지겠니?"

이렇게 부모가 미리 답을 준비해두면, 아이가 공부를 왜 하느냐고 질문할 때 좋은 안내자가 되어줄 수 있다. 물론 지금 시대에는 공부를 하지 않아도 괜찮을 수 있다. 그런데 나중에 진짜 하고 싶은 일을 찾았을 때, 혹시라도 성적이 그 길로 가는 것을 막는다면 아이는 얼마나 상심할까. 그래서 개인적으로는 이렇게 답변하는 것이 가장 적절하다고 생각한다.

"꼭 좋은 성적을 받아야 하는 건 아니야. 그런데 나중에 네가 진짜 하고 싶은 일을 찾았을 때 혹시라도 지금의 성적이 너의 발목을 잡지 않게 하려고 미리 준비하는 거야."

이렇게 설명해주면 아이는 공부가 부모님을 만족시키기 위해서 어쩔 수 없이 하는 행위가 아니라 '미래의 나를 위한 준비'처럼 느낄 수 있다.

아이와 이런 대화를 나눌 때 또 하나 중요한 것이 있다. 아이의 고민과 질문을 대하는 부모의 태도다. 배우 최민수 님이 휴학하겠다는 아들에게 해준 말은 이러한 맥락에서 시사하는 바가 크다.

"학교는 단순히 공부만 하는 곳이 아니야. 책임지는 법을 배우고, 작은 사회를 경험하는 곳이지. 지금은 필요 없어 보이는 지식과 약속들이 나중에 사회라는 공간 안에서 서로를 편안하게 해주는 기반이 되는 거야."

우리는 아이를 말로 가르치는 사람이 아니다. 아이의 질문과 궁금증에 진심으로 귀 기울이고 아이의 눈높이에서 그 고민을 함께 해결하고자 할 때, 아이 역시 자신의 삶과 선택에 책임을 지는 어른으로 성장한다.

"엄마가 너의 고민을 진지하게 듣고 있어." 이 한마디가 아이에게 공부의 세계를 새롭게 인식시켜줄 것이다.

• TIP •
엄마가 직접 공부를 가르칠 때
기억할 점 3

1. 엄마는 선생님이 아니다
아이를 직접 가르치다 보면 자꾸 화가 나고 쉽게 지친다. 엄마는 가르치는 사람이 아니라 지지하는 사람이며, 공부는 전문가에게 맡기는 것이 더 나을 수도 있다. 유능한 교사보다 따뜻하고 포근한 안전기지가 되어주는 것이 엄마가 해줄 수 있는 진짜 교육임을 기억하자.

2. 화가 나면 잠시 거리를 두자
화가 난 상태에서 계속 가르치려 하면 득보다 실이 훨씬 많아진다. 그럴 때는 아이와 물리적으로 잠시 거리를 두는 것도 방법이다.

3. 사소한 잔소리를 자제하자
"허리 좀 펴", "연필 똑바로 잡아", "집중해", "글씨 예쁘게 써" 같은 말은 되도록 자제하자. 아이의 행동이 다소 거슬리더라도 심하지 않다면 참고 넘기는 지혜가 필요하다. 사소한 지적으로 시작된 말다툼이 결국 "공부하지 마!"라는 감정싸움으로 번지는 경우도 적지 않다. 학습 시간에는 잔소리보다는 함께하는 분위기, 감정을 상하지 않게 조율하는 태도가 더 중요하다.

뇌 사용법을 바꾸면 집중력이 달라진다

"너, 공부한다더니 또 핸드폰 보지!"

"잠깐 카톡 와서 확인한 거야~ 엄마는 알지도 못하면서!"

책상 앞에 오래 앉아 있는데 정작 성적은 오르지 않는 아이들이 많다. 여러 가지 이유가 있겠지만 가장 많은 경우는 집중력이 무너져서가 아닐까 싶다.

요즘 아이들은 어릴 때부터 미디어에 지나치게 노출되고, 숏폼 콘텐츠처럼 빠르게 전환되는 영상에 익숙해져 있다. 이런 환경에 오래 머물수록 뇌는 깊이 있는 몰입보다 즉각적인 자극에 반응하는 방식으로 재구조화된다.

미국 일리노이 대학 연구진이 학생들의 컴퓨터에 추적 소프트웨어를 설치해 관찰한 결과, 미국 십대들은 한 가지 일에 평균 65초 이상 집중하지 못하는 것으로 밝혀졌다. 그런데 이것은 미국만의 이야기가 아니다. 우리 아이들 역시 10분 이상 한 가지 일에 집중하지 못하는 '디지털 주의력 결핍' 현상이 빠르게 확산되고 있다.

가장 큰 원인은 역시 스마트폰이다. 눈앞에 보이면 괜히 만지작거리게 되고, 잠깐만 보려고 접속했던 유튜브 쇼츠와 인스타 릴스는 끝없는 알고리즘으로 끌어당겨 시간 가는 줄 모르고 보게 만든다. 결국 우리 뇌는 오래 집중해서 문제를 풀고 목표를 달성했을 때 느끼는 성취감보다, 짧고 자극적인 영상이 주는 즉각적인 즐거움에 쉽게 중독된다.

도파민은 원래 무언가를 성취했을 때 뿌듯함을 느끼게 해주는 호르몬이지만, 숏폼 콘텐츠는 아무런 성취감 없이도 도파민이 나오게 만들어 뇌의 보상 회로 자체를 왜곡시키는 결과를 낳는다. 이러한 현실에서 아이의 집중력을 높이기 위해 부모는 어떻게 도와줘야 할까?

1. 스마트폰은 반드시 눈에 띄지 않는 곳에 둔다

의지력 전문가이자 《마시멜로 테스트》의 저자인 월터 미셸Walter Mischel 박사는 "나쁜 습관을 끊는 가장 좋은 방법은 욕구 대상을 눈에 보이지 않게 하는 것"이라고 강조한다. 공부할 때 스마트폰을 시야에서 치우기만 해도 집중력은 놀라울 정도로 회복된다. 단, 강제로 빼앗거나 숨기면 반항심을 키울 수 있으니 아이와 합의하는 것이 중요하다.

"공부할 때 폰이 옆에 있으면 자꾸 손이 가잖아. 그래서 엄마도 중요한 일을 할 때 아예 안 보이게 치워봐. 너도 공부할 때는 폰을 안 보이는 데 두면 좋을 것 같은데, 어디에 두는 게 좋을까?"

이렇게 묻고, 아이 스스로 방법을 결정하게 하는 것이 훨씬 효과적이다.

2. '뽀모도로 타이머'로 짧게, 자주 몰입한다

25분 집중 후 5분 휴식, 또는 30분 집중 후 10분 휴식처럼 짧은 몰입을 여러 번 반복하는 것이 좋다. 이런 습관은 집중력이 짧은 아이들에게 훨씬 효과적이다. 30분 단위로 작은 목표를 세우고 그 시간 동안 제대로 집중할 때마다 뿌듯함과 성취감을 느끼다 보면 '몰입의 뇌 회로'가 점차 강화된다.

3. 공부 전 간단한 준비 루틴을 만든다

공부 시작 전 책상 정리, 필기구 준비, 타이머 세팅 등을 직접 하게 해보자. 참고로 책상 위에는 시선을 빼앗는 물건은 두지 않는 것이 좋다. 이런 루틴은 뇌에 '이제 집중할 시간이야'라는 신호를 준다.

집중력은 단순히 참는 힘이 강하다고 해서 길러지지 않는다. 적절한 환경을 만들어주고 작은 성공 경험을 반복할 때 비로소 자라나기 시작한다.

만약 오늘 아이가 책상 앞에서 단 10분이라도 제대로 집중했다면,

그 자체로 칭찬해주자. '겨우 10분'이 아니라 '10분이나' 집중할 수 있었던 의지력을 응원하다 보면, 10분이 20분, 30분, 50분으로 늘어나는 날이 분명 올 것이다.

• TIP •

아이의 집중력을 높이는
소소한 실천법

1. 공부 시작 전 물 마시기
수분 섭취가 뇌를 깨워주어 집중력을 높이는 데 도움이 된다.

2. 타이머는 눈에 보이는 곳에 두기
남은 시간을 눈으로 확인하면 산만함과 흐트러짐이 줄어든다.

3. 시작한 지 5분 안에 성공 경험 만들기
아주 쉬운 문제부터 풀어 '나도 할 수 있어'라는 자신감을 심어준다.

4. 책상 위에는 교재와 필기구만 두기
시선이 분산되지 않도록 불필요한 물건은 미리 치운다.

5. 쉬는 시간에는 스마트폰 대신 스트레칭
짧은 스트레칭은 몸과 뇌의 피로를 풀어주고 다시 몰입하는 데 도움을 준다.

공부 습관을 바꾸는 66일의 힘

"제가 워킹맘이라 아이 공부 습관을 제대로 만들어주지 못한 게 가장 후회되고 아쉬워요. 대안이 없어서 일단 학원에 보내긴 했는데, 계속 이렇게 해도 될지 확신이 없어요. 지금부터라도 스스로 공부하는 습관을 만들어주고 싶은데 너무 늦은 건 아닐까요?"

강의 후 이런 고민이 담긴 메일을 종종 받는데, 내가 답장하는 내용은 늘 한결같다. 머리가 좋은 아이보다 공부 습관이 잘 잡힌 아이가 더 좋은 결과를 낸다는 것. 그리고 공부 습관은 단순히 성적을 올리는 도구가 아니라 아이의 자존감, 자기효능감, 끈기 같은 핵심 역량을 키우는 기반이 된다는 것. 그러니 아직 좋은 습관이 잡히지 않았다고 걱정하지 말고 지금부터 꾸준히 66일만 해보라는 것이다.

미국의 심리학자이자 《마인드셋》 저자인 캐롤 드웩Carol Dweck은 "성공하는 아이들의 공통점은 고정된 재능이 아니라 노력과 과정을 중시하는 성장 마인드셋"이라고 강조했다. 서울대 행복연구센터에서 발표한 보고서 결과 역시 같은 메시지를 담고 있다. 자기주도 학습을 하는 학생들은 그렇지 않은 학생들에 비해 대학 진학률이 1.7배, 사회적 성공지수는 1.5배 높았다.

그런데 왜 66일일까? 새로운 행동이 무의식 습관으로 자리 잡기까지는 평균 66일이 걸리기 때문이다. 런던대 필리파 랄리 Philippa Lally 박사의 연구에 따르면, 66일간 매일 특정 행동을 반복하면 그것이 뇌에 각인되어 의식하지 않아도 저절로 움직이게 된다고 한다.

그렇다면 아이가 66일 동안 꾸준히 실천할 수 있도록 부모는 어떻게 도와야 할까? 가장 추천하는 방법은 '66일 실천 달력' 만들기이다. 칭찬 스티커처럼 매일 그날의 공부 목표를 달성하면 스티커를 붙이거나 도장을 찍는 것이다.

여기서 중요한 점은 '아이와 함께 만드는 것'이다. 달력 양식은 중요하지 않다. 워드나 엑셀로 간단히 만들어도 되고, 아이가 직접 만들어도 된다. 아이 스스로 그날의 목표를 정하게 하면 책임감과 적극성이 더욱 자라난다. 목표를 적을 때는 '10분간 공부하기'처럼 모호한 내용보다는 '영어 단어 열 개 외우기', '수학 문제집 2장 풀기'처럼 구체적이고 측정 가능한 형태여야 한다. 참고로 아이가 정한 목표량이 적어도 부모는 절대 개입하지 말아야 한다. 습관 만들기는 양보다 '꾸준함'이 더 중요하기 때문이다. 매일 같은 시간, 같은 장소에서 반복하다 보면 어느새 뇌가 그 행동을 루틴으로 인식할 것이다.

66일 실천 달력은 아이 방에서 가장 잘 보이는 곳에 붙여두자. 매일 확인하는 과정 자체가 일종의 동기부여이자 아이의 성취감을 자극하는 강력한 자극이 된다. 일주일만 성공해도 크게 축하해주고, 혹시 하루 실패해도 "괜찮아, 오늘부터 다시 시작하면 돼"라고 말해주자. 66일 도전은 한 번 만에 성공하는 일이 아니라 실패해도 다시 시작하는 힘을 기르는 과정이기 때문이다.

가족이 함께 66일간 습관 만들기를 하면 더 효과적이다. 금연, 금주, 간식 참기, 달리기 등 부모도 각자 목표를 정하고 서로 응원하면 지속력이 매우 높아진다. 66일 도전이 끝났을 때 받을 보상도 함께 정해두면, 아이에게는 강력한 성취 경험이 될 것이다.

딱 66일이면 충분하다. 더 미룰 이유가 없다. 부모가 믿고 응원해준다면, 어떤 아이도 충분히 좋은 습관을 만들 수 있다.

똑똑한 뇌
만드는 법

아이가 명석한 두뇌를 갖기를 바라는 것은 모든 부모의 공통점이다. 그래서 어릴 때부터 두뇌 발달에 좋다는 건 음식이든 학습법이든 돈을 아끼지 않는다.

그런데 뇌는 영유아 시기에만 발달하지 않는다. 양육 환경과 자극에 따라 인간의 뇌는 언제든 성장할 수 있다. 이를 '신경가소성 이론'이라고 부른다.

신경가소성이란 뇌가 어떤 경험을 하는가에 따라 끊임없이 재구성되고 발달하는 능력을 의미한다. 다시 말해, 타고난 지능보다 '어떤 환경과 경험을 경험하느냐'가 아이 뇌를 더 똑똑하게 만들 수 있다는 뜻이다.

하버드대 뇌발달센터의 연구에 따르면, 영유아기부터 사춘기까지 적절한 자극과 환경에 노출된 아이들은 뇌 신경망이 더욱 촘촘하게 발달해 문제 해결력, 창의성, 감정 조절 능력이 뛰어난 것으로 나타났다. 즉, 단순히 '암기를 잘하는 뇌'가 아니라 스스로 질문하고, 새로운 연결을 만들고, 다양한 관점으로 사고하는 뇌로 발달한다는 뜻이다. 우리 아이의 뇌도 건강하고 똑똑하게 발달할 수 있도록 아래 방식을 참고하자.

1. 뇌를 활용하는 질문을 던진다

정답이 단답형으로 정해져 있는 질문보다 아이 스스로 생각하게 만드는 질문이 훨씬 더 강력하다. "왜 그렇게 생각했어?", "다른 방법은 뭐가 있을까?"와 같은 질문은 아이의 뇌 속에서 새로운 연결을 촉진시킨다.

2. 몸을 움직이면 뇌가 깨어난다

운동은 단순히 체력만 키우지 않는다. 하버드대 정신의학과 교수이자 《뇌 1.4킬로그램의 사용법》 저자인 존 레이티 John Ratey는 "운동은 최고의 뇌 발달 촉진제"라고 말했다. 규칙적인 운동은 뇌에 산소와 영양분을 원활하게 공급하고 기억과 학습을 담당하는 해마, 집중력과 자기 조절을 담당하는 전두엽의 기능을 활성화시킨다. 또한 스트레스 호르몬인 코르티솔 분비를 줄이고 행복 호르몬인 엔도르핀과 세로토닌의 분비를 촉진한다. 그래서 몸을 잘 움직이는 아이는 뇌도 활발하게 발달한다. 아이가 체육 활동이나 춤추기 등을 좋아한다면 적극적으로 지원해야 하는 이유이다.

3. 뇌 성장의 숨은 고수, '잠'을 충분히 잔다

아이의 뇌는 잠을 자는 동안 하루에 쌓인 정보를 정리하고, 불필요한 연결을 가지치기하고, 중요한 기억을 저장한다. 그래서 일찍 잠드는 습관은 뇌 성장에 매우 중요하다. 이를 위해서 가장 중요한 것은 잠들기 전 스마트폰 사용 시간을 조절하는 것이다. 자기 전에 가족 모두 거실에 스마트폰을 두는 방식으로 연습시키자. 가족이 함께 실천하는 분위기가 만들어져야 아이도 자연스럽게 따른다.

4. SF 소설처럼 예측 불가능한 책을 읽는다

미국 캘리포니아대 산타바바라캠퍼스 연구팀에 따르면, 엉뚱하고 터무니없는 이야기를 읽은 사람들은 데이터 분석력과 새로운 패턴 학습 능력이 두 배 이상 향상된다고 한다. 순수문학이나 예술성이 있는 작품도 좋지만 아이가 SF 소설, 판타지 소설처럼 상상력을 자극하는 이야기만 읽는다 해도 너무 걱정하지 말자. 오히려 더 유연하고 창의적으로 사고하는 뇌를 만들 수 있다.

5. 장소를 바꿔가며 학습해본다

늘 익숙한 공간 대신 낯선 환경에 노출되면 뇌도 새로운 자극을 받는다. 가끔은 도서관, 박물관, 자연 등 다른 공간에서 새로운 것을 배우는 경험을 해보자. 학습 장소의 다양화는 창의적인 사고로 이어지는 좋은 자극이 된다.

책 좋아하는 아이로 만드는 틈새 독서교육

"책을 많이 읽어줘야 한다는 건 알지만 몸도 힘들고 마음의 여유도 없어요. 그래서 늘 미안해요"

책을 많이 읽는다고 해서 무조건 성공하는 건 아니지만, 성공한 사람들 중에 책을 싫어하는 사람은 거의 없다는 점이 늘 부모들을 초조하게 만든다. 특히 AI 시대의 가장 큰 경쟁력 중 하나로 문해력이 주목받으면서 긴 글을 읽고, 해석하고, 자기만의 관점으로 풀어내는 능력이 더욱 중요해지고 있다.

하지만 책을 일상으로 끌어들이는 일은 결코 쉽지 않다. 나 역시 마찬가지였다. 침대에 나란히 누워 은은한 조명 아래서 아이에게 조곤조곤 책을 읽어주는 모습을 머릿속으로 수없이 그렸지만, 현실은 늘 "엄마 힘드니까 네가 혼자 책 읽고 있어"로 끝내기 바빴다. 주말이라고 크게 다르지 않아서 "우리 이번 주말엔 도서관에 가볼까?" 했지만 막상 주말이 되면 피곤하고 쉬고 싶다는 이유로 미룰 때가 많았다. 그래서 지금은 도서관 나들이를 연중행사처럼 드물게 했던 것이 가장 후회된다.

"저는 도서관을 놀이터처럼 만들어주지 못한 게 가장 후회돼요. 여러분은 저처럼 후회하지 마세요."

실제로 강연장에서도 어린 자녀를 둔 부모를 만날 때마다 이렇게 말한다. 다시 아이를 키울 수 있다면, 나는 무조건 도서관 근처로 이사를 갈 것이다.

하버드대 뇌과학자이자 《다시, 책으로》의 저자 매리언 울프Maryanne Wolf는 "유아기와 아동기의 경험은 뇌 발달에 큰 자극을 주며, 시간이 짧더라도 분명한 영향을 미친다"라고 주장한다. 특히 부모가 직접 읽어주는 동화책은 감정 조절, 언어 습득, 상상력 회로를 활성화하는 데 큰 효과가 있다. 하버드대 뇌발달센터 역시 "부모가 하루 15분만 책을 읽어주어도 아이의 언어 처리 능력, 자기 조절력, 공감 능력, 집중력이 향상된다"라고 밝힌 바 있다. 또한 2008년 미국 교육부에서 발표한 보고서에 따르면 만 5세 이전에 책을 자주 읽은 아이는 초등학교 입학 후 어휘력과 이해력이 평균 2년 이상 앞선다고 한다. 책을 읽어주는 것이 지적 능력 향상에 아주 효과적인 조기 투자이자, 부모와의 정서적 연결을 돕는 가장 쉽고 안전하며 강력한 방법인 셈이다.

그래서 워킹맘들은 '틈새 독서법'을 익힐 필요가 있다. 책을 읽어주는 시간을 일부러 만들기 어렵다면 지금 이 순간, 단 1분의 여유를 기회로 삼자. 거창한 노력보다 짧지만 반복되는 강렬한 기억으로도 충분히 책을 좋아하게 만들 수 있다.

1. 2-3-1- 법칙을 적용한다

이틀마다, 3분씩, 1문장이라도 최선을 다해 읽어주자. '얼마나 많이, 오래 읽었는가'가 아니라 '엄마가 책을 읽어주었다'라는 기억을 각인시키는 것이 중요하다. 엄마가 글을 읽는 모습을 보여주는 것만으로도 아이는 '책읽기는 일상'이라고 받아들인다.

2. 책에 '노출'되는 것이 먼저다

책을 많이 읽는 가정의 공통점은 집 안 곳곳에 책이 있다는 것이다. 아이 동선에 맞춰 눈에 띄는 곳에 책을 두자. 미국 조기문해연구소에 따르면 책이 자주 보이는 환경에 있는 아이는 그렇지 않은 아이보다 연간 1.4배 더 많은 책을 읽는다고 한다. 아이들은 미디어에 익숙하다. 무엇이든 '보이면 보고, 안 보이면 잊어버린다'를 기억하자.

3. 읽는 '시간' 대신 읽는 '분위기'를 만든다

퇴근 후, 핸드폰 대신 책 한 권을 들고 소파나 식탁에 앉자. 읽지 않아도 좋다. 책장을 넘기는 시늉만 해도 아이는 엄마를 따라 한다. 대신 일부러 연기하는 데는 한계가 있으니 엄마가 먼저 스스로 매일 '1페이지 읽기' 미션을 해보는 것도 좋다.

4. 가족이 함께 책을 읽는 시간을 만든다

아이가 커갈수록 책을 읽어주기도, 읽으라고 말하기도 현실적으로 어렵다. 이럴 땐 주말 저녁 20분을 '가족 독서 시간'으로 지정하자. 각자 원하는 책을 읽되 '만화 제외', '핸드폰 금지' 등 규칙을 정하고 각자 자유롭게 책을 읽는 것이다. 꾸준히 하다 보면 독서 시간이 늘어날 수도 있고 자연스럽게 가족 문화로 자리 잡을 수도 있다.

5. 책은 '감정'과 함께 기억된다

다정한 목소리로 책을 읽어주고 눈을 바라보며 대화할 때의 감정은 아이의 마음에 오래도록 남는다. 아이는 책을 펼칠 때마다 엄마의 따뜻한 온기와 사랑을 함께 떠올릴 것이다. 이처럼 책이 '사랑받는 기억'으로 연상되는 순간, 자연스럽게 책을 좋아하는 아이가 된다.

간혹 책을 읽고 나서 독후감을 쓰게 하는 경우가 있다. 그런데 이런 행동은 책을 '느끼는 것'이 아니라 '평가받는 것'으로 오해하게 할 수 있다. 독후감을 강요하면 책은 즐거움을 주는 매체가 아니라 숙제를 하기 위한 대상이 되어버린다.

책을 좋아하게 만드는 가장 쉬운 방법은, 아이가 책을 통해 '자유롭게 느끼고 말할 수 있다'라는 경험을 심어주는 것이다. 만약 아이가 책을 읽고 나서 뭔가를 얻었으면 좋겠다는 마음이 든다면 아래 두 가지만 실천하도록 제안해보자.

- 책에서 가장 좋았던 문장을 찾아서 써보기
- 책 내용을 한 줄로 말해보기

이 두 가지만 꾸준히 해도 아이는 책을 읽으면서 생각을 정리하고, 자신의 언어로 표현하는 힘을 기를 수 있다. 억지로 쓰지 않아도 어느새 책 속에서 '나만의 문장과 느낌'을 발견하게 될 것이다.

• TIP •

학습만화에서
글밥 많은 책으로 넘어가는
5단계 전략

1. 학습만화 속 주인공과 비슷한 느낌을 주는 책으로 시작한다
아이들은 익숙한 캐릭터와 분위기를 좋아한다. 《마법천자문》을 좋아한다면 판타지 동화책, 〈쿠키런〉 게임을 좋아한다면 모험을 다룬 창작 동화로 시작해보자.

2. 그림이 많은 책 → 중간 단계 책 → 본격 책
처음부터 글만 많은 책을 주면 당연히 튕겨낸다. 처음에는 《고양이 해결사 깜냥》처럼 짧은 챕터와 유머, 익숙한 일상이 담긴 책부터 시작해보자. 거기 익숙해지면 점차 《마법의 시간여행》 같은 중간 단계로 넘어가자.

3. "네가 좋아할 것 같아서 골랐어."
"요즘 이게 인기래", "이게 필독서래" 같은 말보다는 "네가 좋아할 것 같아서 골랐어"라고 감정과 관심을 함께 전달하자.

4. 학습만화는 조건부 허용하기
처음부터 글밥이 많은 책을 주기보단 "학습만화 보고 나서 이 책도 3페이지만 읽자" 하는 식으로 조건을 제안해보자. 글밥 책에서 재미있는 부분을 먼저 읽어주는 것도 좋다. 이렇게 점점 저항감을 줄이다 보면 글밥 책에 서서히 관심을 둘 것이다.

5. 만화는 아래 칸, 책은 눈높이에 맞는 곳
책장의 위치도 전략이다. 아이 눈에 가장 먼저 들어오는 곳에 그림책과 책을 섞고, 만화책은 아래 칸에 두자. 눈에 잘 띄는 곳에 있는 책부터 손이 가는 법이다.

바쁜 부모를 위한 핵심 요약

1. 매일 무탈하게 귀가하는 것으로 충분하다
학업 스트레스로 죽고 싶다는 아이들에게는 부모의 따뜻한 한마디가 살아갈 이유가 된다. 아이가 매일 안전하게 귀가하는 것만으로도 기적이라고 생각해보자.

2. 공부머리가 없는 아이를 대하는 법
세상에 재능 없이 태어난 아이는 없다. 아이가 공부에 별 흥미가 없다면 다른 어떤 분야에 재능이 있는지 함께 찾아주려고 노력하자.

3. 남들처럼 하는 아이 말고, 남과 다른 아이
지금은 공부를 잘한다고 성공하는 시대가 아니다. 자신이 좋아하는 분야를 깊이 탐구하고 몰입할 줄 아는 아이가 진짜 경쟁력을 가진 인재로 성장할 수 있다.

4. 공부를 왜 해야 하냐고 묻는 아이에게
아이의 고민과 질문을 무시하기보다 귀 기울이고 힘들어하는 마음에 공감해주는 것이 중요하다. 부모가 기다려주면 아이는 스스로 해답을 찾아간다.

5. 뇌 사용법을 바꾸면 집중력이 달라진다

공부할 때 책상 위에서 스마트폰을 치우기만 해도 집중력은 놀라울 정도로 좋아진다. 작은 변화로 아이가 몰입할 수 있게 도와주자.

6. 공부 습관을 바꾸는 66일의 힘

새로운 행동이 무의식적인 습관으로 자리 잡기까지 평균 66일이 걸린다. 66일 실천 달력을 만들어 공부 습관을 잡아주자.

7. 똑똑한 뇌 만드는 법

아이의 두뇌 발달은 타고난 지능보다 어떤 환경에서 어떤 경험을 하느냐에 따라 좌우된다. 특히 몸을 많이, 자주 움직이고 충분히 자는 것이 중요하다. 이 두 가지는 똑똑한 뇌를 만드는 가장 확실한 방법이다.

8. 책 좋아하는 아이로 만드는 틈새 독서교육

이틀에 한 번, 3분, 한 문장이라도 최선을 다해 읽어주자. 중요한 건 '얼마나 오래 읽어주느냐'가 아니라 '엄마가 책을 읽어주었다'라는 기억을 오래 심어주는 것이다.

워킹맘이 전문가로 성장하는 법

생계형 맞벌이일수록
일을 잘해야 한다

"저는 자아실현을 위해 일해요."

이 말에 선뜻 손을 드는 사람이 몇이나 될까? 대부분은 피식 웃으며 이렇게 말할 것이다.

"자아실현이요? 한 달 벌어 겨우 버티고 있어요."

그렇다. 나를 포함한 대다수 워킹맘은 생계형 근로자이다. 한 달 내내 정신없이 일해야 아파트 대출금, 카드값, 아이 학원비를 간신히 납부할 수 있다. 물론 자아실현을 위해 일하는 엄마들도 있다. 지난 15년간 일하며 딱 두 명 만나봤다. 하지만 그런 경우는 정말 드물다.

생계형 근로자로 살아간다는 건 수입이 끊겨서는 안 된다는 것을 의미한다. 곧 수입이 끊기면 곧 생활이 무너진다는 뜻이기도 하다. 돈을 벌려면 회사를 다녀야 하고, 그것도 오래 다니려면 일을 잘해야 한다. 원론적인 말이지만 언제든 대체될 수 있는 사람이 아니라, 자신만의 경쟁력을 갖춘 사람이 되어야 한다.

워킹맘에게 직장에서 보내는 시간은 단순한 근무 시간이 아니다. 어떻게 보면, 아이와 함께할 시간을 포기하고 선택한 '귀한 자원'이다. 그러니 남들이 보내는 여덟 시간보다 훨씬 값진 그 시간을 그냥 흘러보내서는 안 된다. 있으나 마나 한 사람으로 하루하루 적당히 때우며 월급날만 기다리는 것만큼 어리석은 일은 없다.

직종, 부서, 직업에 상관없이 직장에서는 매일 해야 하는 일이 있다. 그 일이 나와 잘 맞을 수도, 맞지 않을 수도 있다. 그렇지만 직장생활을 지속하려면 때로는 하기 싫은 일이나 나와 맞지 않는 일도 묵묵히 해야 한다.

어차피 할 일이라면 회사에서 제일 잘하자

이왕 하는 일이라면 대충 하지 말고 제대로 하자. 처음에는 당연히 서툴다. 그래도 책임감을 가지고 집중해서 하다 보면, 시간과 경험이 쌓이면서 어느새 '정말' 잘하게 되는 시점이 온다. 바로 이 순간부터 일이 재미있어지고 성과도 드러나기 시작한다. 하지만 그 지점까지 가는 길은 말처럼 쉽지 않다. 수많은 노력이 필요하고 절망과 서러움, 부끄러움, 힘듦, 실망감을 수도 없이 견뎌야 한다.

혹시 회사에서 "○○ 씨는 참 착해요"라고 말하는가? 그렇다면 한 번쯤 스스로를 점검해야 한다. 회사에서 듣는 평가 중 가장 치욕적인 말이 "사람은 착해"이기 때문이다. '성격은 괜찮은데 실력이 없다'라는 말은 함께 일하는 사람들 사이에서 가장 치명적인 평가다. 이런 평판은 인성 칭찬이 아니라 무시에 가깝다. 실제로 워킹맘의 필수 덕목 중 하나도 '유능함'이다.

'어떻게 하면 일을 더 잘할 수 있을까?'

'나의 경쟁력은 무엇일까?'

자신에게 끊임없이 질문하면서 답을 찾아가야 전문성과 커리어가 확장되고 내가 원하는 삶의 궤도를 만들어갈 수 있다.

물론 마음처럼 되지 않는 시기도 있을 것이다. 이런 시기를 잘 건너가는 가장 현명한 태도는 '내가 부족하다'라는 사실을 인정하고, 눈앞의 일에 집중하는 것이다. 매일 마주하는 어려움을 어떻게 소화하느냐에 따라 몇 년 뒤 나의 실력과 그릇의 크기가 결정된다.

세계적인 작가 마크 트웨인Mark Twain은 이렇게 말했다. "내가 글을 쓰는 데 소질이 없음을 깨닫기까지 15년이 걸렸다. 하지만 글쓰기를 포기할 수 없었다. 왜냐하면 그때 이미 나는 유명한 작가가 되어 있었기 때문이다."

완벽하지 않아도 괜찮다. 중간에 포기하지 않고 버티는 사람이 결국 이긴다. 주어진 일을 잘하겠다는 건강한 욕심을 부리면서 정성껏 하다 보면, 어느새 깊은 내공과 단단한 마음을 갖춘 자신을 만날 것이다.

CEO 마인드는 몇 년 뒤의 나에게 주는 선물

유능한 사람이 되고 싶다면 흔히 '주인의식'이라고 표현하는 'CEO 마인드'를 장착해야 한다. 요즘은 이 말이 회사가 직원들을 쥐어짜려는 의도로 쓰인다고 생각하는 경향이 있는데, 직접 경험해본 사람은 안다. 일을 대하는 관점이 바뀌면 태도가 달라지고, 달라진 태도는 내 커리어에 날개를 달아준다는 사실을 말이다.

나는 직장 생활을 하다가 스물일곱에 창업하며 사장이 되었다. 그제야 사장의 마음과 직원의 마음은 하늘과 땅 차이이며 모든 일을 주인의식을 가지고 해야 한다는 것을 깨달았다. 직장에 다닐 때 가장 아쉬웠던 점은 한 번도 CEO 마인드로 일해본 적이 없었다는 것이다. 대리가 바라보는 세상과 사장이 바라보는 세상은 너무도 달랐다. 만약 회사를 다닐 때 언젠가 창업을 할 수도 있다는 생각으로 CEO 마인드를 장착했다면, 더 많은 것을 보고 배워 시행착오를 줄일 수 있었을 것이다.

나의 경험을 바탕으로 직원 마인드와 CEO 마인드의 결정적 차이를 정리하면 다음과 같다. 어느 쪽이 직원 마인드이고 어느 쪽이 CEO 마인드인지 보면 바로 알 수 있다.

이건 내 일이 아닌데? vs. 배울 수 있는 기회가 생겼네

받는 만큼 일하면 되지 vs. 내 가치를 높여 몸값도 올리자

시키는 일만 하면 돼 vs. 내가 사장이라면 어떤 선택을 할까?

회사를 위해서가 아니라 나를 위해서 일을 잘해야 한다. 평생 회사에서 편하게 월급을 받으며 살 수도 없고, 늘어나는 평균수명에 맞춰 일을 더 오래 해야 하는 시대도 이미 도래했다. 우리 모두 언젠가는 회사를 벗어나 이름 석 자로 생존해야 한다. 그때 흔들리지 않도록 지금부터 CEO 마인드를 장착하고 일해보자.

일을 대하는
엄마의 태도가
아이 인생을 바꾼다

                        우리는 돈을 벌기 위해 일하지만 돈이 전부는 아니다. 일을 하면서 성장하고 나다워지며, 세상에 당당히 설 수 있는 힘을 기른다. 그래서 일을 대하는 관점과 태도를 잘 유지하는 것은 매우 중요하다. 하기 싫어 죽겠다, 먹고살려고 어쩔 수 없이 한다는 마음으로 하면 일은 나의 행복을 가로막는 장애물이 된다.

  특히 워킹맘의 경우, 일을 대하는 태도가 아이에게도 큰 영향을 미친다는 사실을 기억해야 한다. EBS의 한 프로그램에서 초등학교 5학년 아이들에게 물었다.

  "어른이 되고 싶어요?"

  그러자 많은 아이들이 싫다고 답변했다. 한 아이는 "어른이 되면 힘든 일을 해야 하고, 상사의 비위를 맞춰야 하니까 싫어요"라고 말했다.

PD가 다시 질문했다. "일이 그렇게 재미없고 힘들다고 누가 그래?" 그러자 그 아이가 "우리 엄마요"라고 말했다.

아이들은 부모가 하는 말을 단순히 흘려듣는 것이 아니라, 삶의 공식처럼 받아들인다. 부모가 일에 대해 부정적인 태도를 보이면 아이들은 '어른이 되면 나도 부모처럼 억지로 일하며 힘들게 살겠구나' 하고 자신도 모르게 어두운 미래를 그린다. 아이에게 어른이 된다는 것은 힘들고 고통스럽고 두려운 일이 되어버리는 것이다.

실제로, 부모가 자신의 직업을 긍정적으로 여길수록 아이들도 더 높은 직업 만족도를 가지는 것으로 나타났다. 2020년 하버드대 연구에 따르면 부모가 "내 직업이 자랑스럽다", "내가 하는 일은 가치가 있다"라는 말을 자주 하는 가정에서 자란 아이들은 성인이 되었을 때 직업 만족도가 32퍼센트 더 높았다. 또한 스트레스를 견디는 힘이 강하고, 커리어 목표를 주도적으로 설정하는 경향을 보였다. 반면, 부모가 "출근하기 싫어", "당장 때려치우고 싶어" 같은 말을 자주 하는 가정의 아이들은 직업을 부정적으로 인식할 확률이 45퍼센트 더 높았다. 이들은 성인이 된 후 직장 만족도가 낮고 이직을 자주 하는 경향을 보였다.

이처럼 부모의 직업 만족도는 아이의 미래를 좌우할 수도 있는 중요한 요소가 된다. 부모의 인식이 일에 대한 기준점을 심어주기 때문이다.

그러니 아이 앞에서는 가급적 "일하기 싫어", "직장에서 얼마나 힘든지 아니?" 같은 부정적인 말을 조심하자. 내가 하는 일이 얼마나 가치 있고 많은 사람에게 도움을 주는 일인지 표현하는 것이 훨씬 좋다.

"오늘 엄마가 회사에서 많이 바빴는데, 그만큼 보람이 컸어", "엄마가 이 일을 해서 많은 사람들에게 도움을 줄 수 있어서 뿌듯해."

또한 아이들은 매일 아침 꾸준히 출근해서 맡은 일을 성실히 해내는 부모의 모습을 보며 자연스럽게 책임감을 배운다. 이런 경험은 아이가 학교생활이나 친구 관계를 유지하는 과정에서 책임감 있게 행동하도록 만드는 중요한 밑거름이 된다.

아이돌 그룹 샤이니의 멤버 키 님은 MBC 예능 프로그램 〈유 퀴즈 온 더 블럭〉에 출연해 "엄마가 두 번이나 큰 수술을 받으시고도 묵묵히 일하시는 모습을 보면서 나도 포기하지 말고 끝까지 해내야겠다는 마음을 먹었다"고 말한 바 있다.

이처럼 엄마의 성실함과 책임감은 말로 가르치는 교육보다 훨씬 더 깊은 울림을 준다. 행동으로 보여주는 부모의 태도야말로 아이 인생에 오래도록 영향을 미치는 진짜 교육이다.

다행히 나는 지금 하는 일이 적성과 잘 맞고 만족감도 크다. 그래서 아이들에게 "엄마는 일하는 게 너무 행복해"라는 말을 습관처럼 했다. 아이들이 어릴 때는 엄마가 무슨 일을 어떻게 하는지 자주 들려주었고, 기회가 되면 현장에 데려가 직접 보여주기도 했다. 이런 시간을 가지다 보니 아이들은 엄마의 부재를 자연스럽게 받아들이게 되었고, 나아가 엄마의 꿈과 일을 응원하는 든든한 지원군이 되어주었다.

그러던 어느 날, 큰아들이 불쑥 이런 말을 건넸다.

"엄마는 좋아하는 일을 하면서 사는 행복한 사람이잖아. 멋있어."

그러자 작은아들도 맞장구를 쳤다. "맞아, 우리 엄마는 행복한 사람이야."

그 순간, 온몸에 전율이 흐를 만큼 짜릿한 감동이 밀려왔다. 두 아들에게 일하는 엄마로 인정받는 순간, 그동안 힘들었던 마음이 단숨에 사라지는 듯했다.

아이들은 엄마가 즐겁게 일하면서 행복해하고 보람을 느끼는 모습을 보며 세상을 배우고, 자연스럽게 자신의 미래를 상상한다. 아이가 "나도 나중에 커서 엄마처럼 멋지게 일하며 행복하게 살고 싶어"라고 말하면, 그보다 더 보람차고 뿌듯한 순간이 있을까?

오늘 저녁, 나는 아이가 어떤 미래를 상상하도록 말하고 있는지 한번 점검해보자.

• TIP •

아이의 질문에 효과적으로
대답하는 법

1. **"일하는 거 안 힘들어?"**
   "힘들 때도 있는데, 그래도 포기하지 않고 하다 보면 좋은 결과가 나오는 것 같아. 이 세상에 쉬운 일은 원래 없거든."

2. **"엄마는 왜 이 일을 해?"**
   "이 일을 하면 어려운 사람들을 도울 수 있어. 누군가에게 도움을 줄 수 있다는 게 감사해. 보람도 있고, 엄마는 일하는 게 너무 좋아."

3. **"엄마는 일하는 게 재밌어?"**
   "항상 재미있는 건 아니지만 재미있게 하려고 노력하고 있어. 어차피 해야 하는 일이면 즐겁게 하면 좋잖아."

4. **"엄마는 왜 맨날 바빠?"**
   "엄마가 요즘 바빠서 많이 못 놀아줘서 미안해. 회사에서 새롭게 맡은 일이 있어서 좀 바빴는데, 2주쯤 지나면 괜찮을 것 같아. 그때 많이 놀자."
   "이번에 엄마가 회사에서 제일 중요한 역할을 맡았거든. 아들, 조금만 봐줘~ 엄마 일 끝나자마자 제일 먼저 아들이랑 많이 놀아줄게!"

존재감이 있어야
기회를 잡는다

"나는 임원까지 찍고 나서 퇴사한 뒤에 내 사업을 할 거야."

후배 영서는 늘 이렇게 당당하게 말했다. 나는 그녀의 자신감이 멋지다고 생각했지만, 조직의 반응은 달랐다. 어느 날 영서는 선배에게 "나대지 마"라는 경고를 받았고, 당황한 듯 내게 전화를 걸어왔다. 그의 이야기를 듣고 속이 상했다. 만약 영서가 남자였어도 그와 같은 말을 들었을까? 오히려 "배포가 있어서 좋다"라는 칭찬을 받았을지도 모른다.

시대가 변했다지만 여전히 조직에서는 여성이 높은 목표를 드러내면 드세다, 정치적이다, 설친다와 같은 부정적인 평가를 받기 쉽다. 이런 환경에서 많은 여성은 자연스럽게 자신을 드러내는 데 소극적이 되고, 지나친 겸손으로 스스로를 평가절하한다. 칭찬을 받으면 "아니에요"라고 반사적으로 부정하고, 자신이 이룬 성과조차 "동료들 덕분이에요"라며 공을 돌리기 바쁘다. 그러면서 속으로 '누군가는 내 진가를 알아주겠지' 기대한다.

이제 이런 착각에서 벗어나자. 조직에서 먼저 나의 진가를 알아줄 리 없다. 존재감을 드러내지 않으면 승진도 성장도 할 수 없다. 내가 어떤 사람이고 무엇을 잘하는지 알리지 않으면, 회사를 아무리 오래 다녀도 아무 일도 일어나지 않는다.

어떤 조직에 있든 퍼스널 브랜딩은 곧 생존 전략이다. 살아남기 위해서는 나만의 필살기가 반드시 있어야 한다.

"영업하면 김 과장이 최고지", "참신한 기획이 필요하면 무조건 이 대리를 불러야 해", "마케팅은 장 부장이 꽉 잡고 있잖아."

성격이 어떻고 인간관계가 어떻든 맡은 업무만큼은 내가 최고라고 사람들이 기억해야 한다. 그러기 위해서는 나의 강점이 무엇인지, 다른 사람보다 힘을 덜 들이고도 더 잘할 수 있는 일이 무엇인지 끊임없이 탐구해야 한다. 내가 어떤 부분에 특장점이 있는지 잘 모르겠다면 주변 사람들이 했던 말을 떠올려보자.

"자기는 어쩜 사람들 앞에서 떨지도 않고 그렇게 말을 잘해?"

"과장님 기획서는 확실히 뭔가 다른 것 같아요."

"김 대리가 CS를 맡으면 어지간한 골치 아픈 일도 다 해결돼."

이런 말에서 나의 특기와 재능을 발견할 수 있다. 이렇게 찾아낸 특기와 재능을 감추지 말고 적극적으로 드러내며 건강한 욕망을 가지자. 욕망은 나쁜 것이 아니다. 오히려 나를 빛나게 하는 에너지이다.

워킹맘이 커리어 욕심을 드러내면 "애는 제대로 보냐", "가정에 너무 소홀한 거 아니냐" 같은 말을 던지는 사람들이 있다. 이런 말에 신경 쓸 시간에 내 본능 앞에 솔직해지자. 인정받고 성공하며, 많은 돈을 벌고 싶은 마음은 인간 본능이다. 이러한 욕심이 나를 더 나은 사람으로 성장시킨다. 그러니 미리 포기하지 말자. 하고 싶은 일이 있다면 배우자에게 공유하고 방법을 모색하면 된다.

나의 가치는 내가 정해야 한다. 마음속 본능에 귀 기울이고 용기 있게 드러내자. "나댄다"라는 뒷말이 나온다면 주도적이고 시선을 끄는 나를 부러워한다는 의미로 받아들이자. 내가 가진 힘을 세상에 알릴 때, 나의 존재감은 더욱 단단해질 것이다.

TIP

조직에서 존재감을 키우는 법

1. '이 정도 했으니 다음엔 승진시켜주겠지?'라는 생각은 버리자. 기회는 기다린다고 그냥 주어지지 않는다.

2. 회의 때 한마디라도 하자. 의견을 말하지 않으면 회의에 참석할 필요가 없다. 있으나 마나 한 존재감 없는 사람이 되는 것보다 최악은 없다.

3. 숫자로 말하자. 열심히 했다, 최선을 다했다 같은 말은 직장에서는 별 도움이 되지 않는다. 내가 달성한 성과를 구체적인 데이터를 근거로 어필해야 누구든 설득할 수 있다.

4. 일 잘하는 사람과 네트워크를 쌓자. 영향력 있는 동료들과 관계를 다져두면 여러모로 도움받을 기회가 생긴다.

5. "그건 제 일이 아닌데요?"라는 말은 하지 말자. 대신 "이건 제 담당은 아니지만 도와드릴게요"라고 말하면 자신의 일이 아닌데도 동료를 배려하는 사람이라는 이미지를 쌓을 수 있다.

직장은 친분이 아니라 성과로 말하는 곳

직장 생활에서 가장 어려운 것이 인간관계다. 업무량보다 사람이 힘들어서 퇴사를 고민하는 경우가 훨씬 많고, 사람 덕분에 직장에서 버틸 힘을 얻기도 한다. 실제로 갤럽의 직장 만족도 연구에 따르면, 직장 동료들과 좋은 관계를 맺을 경우 업무 몰입도가 7배 높다고 한다. 협업이 원활하고 일하면서 받는 스트레스가 줄어들기 때문이다.

하지만 지나친 친밀감은 오히려 독이 될 수 있다. 직장은 일을 하는 곳이지 친목을 도모하는 곳이 아니다. 나는 직장 생활을 하면서 가장 이해하기 어려웠던 것 중 하나가 '언니 문화'였다. 직장에서 서로를 "언니", "○○야"라고 부르는 것도 모자라 팔짱을 끼고 사적인 대화를 하는 모습이 이상했다. 이런 모습이 프로처럼 보이지도 않았다.

특히 워킹맘끼리는 아이 이야기를 하면서 쉽게 친해진다. 자연스레 공감대를 형성하고 육아 고민이나 정보도 공유할 수 있어서 당장은 위안이 되지만, 자칫 업무와 감정이 섞이면 불필요한 갈등을 빚을 수도 있다.

영미 씨는 네 살 아이를 사내 어린이집에 보내고 있다. 그녀는 같은 어린이집을 이용하는 동료 A와 급속도로 친해져 업무 후에도 늘 함께 했고, 주말에는 가족끼리 캠핑을 갈 정도로 가까운 사이가 되었다.

그런데 둘의 관계는 영미 씨가 승진을 하면서 급격히 흔들리기 시작했다. A는 영미 씨의 승진에 박탈감을 느꼈고 점차 거리를 두기 시작했다. 급기야 사내에서 A가 영미 씨의 뒷말을 하고 다닌다는 소문이 돌았고, 둘 사이에는 회복되기 어려운 감정의 골이 생겼다. 그 와중에 업무상으로도 마찰이 생기면서 둘의 갈등이 주변 동료들에게까지 영향을 미치자 사소한 대화도 조심해야 하는 분위기가 형성되었고, 팀 전체에도 부정적인 영향을 미쳤다.

반면 지혜 씨는 동료들과 원만한 관계를 유지했지만, 업무와 사적인 관계는 철저히 구분했다. 직장 내 티타임이나 점심 식사 때도 업무 위주의 대화를 했고, 사적인 이야기는 최소화했다. 특정인과 유독 친하게 지내는 대신 모두와 적당히 잘 지냈다. 그러다 보니 불필요한 잡음 없이 공정한 평가를 받을 수 있었고, 신뢰받는 이미지로 자리 잡은 결과 팀장으로 승진할 수 있었다.

직장에서는 업무 중심으로 관계를 맺는 것이 중요하다. 그래야 동료들에게 '함께 일하고 싶은 사람'이라는 이미지로 남는다. 지나치게 감정적인 관계는 커리어 개발에도 팀워크에도 걸림돌이 될 수 있다. 또한 기본 예의를 지켜야 한다. 언니, ○○야 하고 부르거나 반말과 지나친 농담을 하는 것, 개인의 기분이나 감정을 티 내거나 업무에 반영하는 것 등은 프로답지 못한 행동이다. 아무리 친한 사이여도 약점이나 비밀을 쉽게 공유하는 것 역시 금물이다. 오늘의 동료가 내일은 예상치 못한 상황에서 내 발목을 잡을 수 있다.

특히 워킹맘이라면, 회사에서 아이 이야기를 너무 많이 하는 건 자제하는 것이 좋다. 가벼운 대화는 괜찮지만 업무가 아닌 육아 이야기로만 소통하는 것은 문제다. 지나치게 티타임을 갖거나 특정인과 너무 친하다는 이미지를 주는 것도 좋지 않다.

직장은 돈을 받고 일을 하는 곳이다. 직장에서의 신뢰는 친밀감이 아니라 전문성과 성과를 통해 쌓아가는 것임을 기억하자.

상처받지 않고
인간관계 맺는 법

연봉이 높거나 근무 환경이 좋아도 함께 일하는 사람들과 잘 지내지 못하면 버티기 어려운 것이 직장 생활이다. 하지만 혼자 일할 수 없는 조직 특성상, 인간관계에서 오는 스트레스를 완전히 피할 수는 없다. 어떻게 하면 스트레스를 덜 받으면서 현명하게 직장 생활을 할 수 있을까? 상처받지 않고 인간관계 맺는 방법을 알아보자.

1. 어디를 가든 '또라이'는 있다

어느 집단에든 이상한 사람은 존재하며, 그들에게서 완전히 벗어나기는 어렵다. 그러니 이상한 사람 때문에 스트레스를 받거나 감정 낭비를 하지 말자. 나의 소중한 시간과 에너지를 그들 때문에 허비할 필요는 없다. 나를 힘들게 하는 이들에게 할 수 있는 최고의 복수는 성장하고 성공하는 것이다.

《손자병법》에는 "가능하다면 싸우지 말고 이겨라"라는 말이 있다. 저 사람이 나를 공격하지 않기를 바라는 것보다 누구도 건드릴 수 없는 사람이 되는 것이 진짜 승리다. 독수리가 까마귀의 공격을 받으면 반격하지 않고 날개를 쫙 펼쳐 하늘 높이 치솟아 까마귀를 떨어뜨리듯, 내가 성장하고 올라갈수록 별 볼 일 없는 사람들은 자연스레 내 인생에서 사라진다. 내가 할 일은 그들을 상대하는 것이 아니라, 그들이 감히 따라올 수 없는 위치로 올라가는 것이다.

2. 나를 싫어해도 괜찮다

내가 모든 사람을 좋아하지 않듯, 모든 사람이 나를 좋아할 순 없고 그럴 필요도 없다. 나의 진가를 모르는 사람들에게 감정과 시간을 낭비하지 말자. 열 명을 만나면 일곱은 나에게 관심이 없고, 두 명은 나를 싫어하고 한 명은 나를 좋아한다는 7-2-1 법칙을 기억하자.

사실 대부분의 사람들은 자기 삶을 사느라 바쁘다. 그런데도 우리는 '저 사람이 나를 어떻게 볼까?' 고민하며 끊임없이 타인의 시선을 의식한다. 이제는 나를 좋아하는 단 한 사람에게 귀한 시간과 에너지를 쓰자. 좋은 인연이라고 생각한다면, 정성껏 가꾸어 유지하려는 노력을 기울이자. 좋은 사람, 가까운 사이일수록 신중하고 소중하게 대해야 한다. 그러니 이런 사람들에게 투자하자.

3. 도저히 맞지 않는 사람이라면 거리를 두는 것도 괜찮다

살다 보면 도저히 나와 맞지 않은 사람이 있다. 그가 나빠서도, 내 그릇이 작아서도 아니다. 그냥 안 맞는 것이다. 그런 사람에게 억지로 맞추려 애쓰지 말자. 아예 안 보는 것이 가장 좋지만 가족이나 직장 동료처럼 꼭 봐야 하는 사이라면 할 일만 칼같이 하자.

정말로 관계를 정리하고 싶은 사람이 있다면 원한을 사지 말고 서서히 멀어지자. 한 사람을 띄워주기는 어렵지만 추락시키는 것은 너무 쉬운 세상이다. 불필요한 다툼을 피하고 나에게 악감정을 품는 사람을 만들지 않는 것, 지금 시대에 가장 필요한 전략이다.

4. 가장 자주 만나는 다섯 명의 평균값이 곧 나다

그 사람이 누군지 알고 싶으면 그의 주변을 보라는 말이 있는데, 살면서 점점 더 실감하게 되는 말이 끼리끼리와 유유상종이다.

요즘 가장 많이 만나는 다섯 명이 누구인지 한번 생각해보자. 그들의 말투, 생각, 태도, 가치관의 평균이 지금 내 모습일 가능성이 높다. 만약 내가 다섯 명 중 가장 잘난 사람이라면 위기감을 느껴야 한다. 그들과 계속 어울리면 더 이상 성장하지 못하고 정체될 가능성이 크기 때문이다. 그러니 이왕이면 배울 점이 많고 긍정적인 사람이 많은 그룹, 나에게 좋은 자극을 주는 곳으로 가자. 나를 성장시킬 환경은 내가 찾아야 한다. 이왕이면 나를 더 나은 사람으로 만들어줄 사람들을 곁에 두자.

· TIP ·
인간관계에 지친 워킹맘을 위한
마인드 콘트롤 3

1. 일과 나를 분리하기
업무를 하다가 실수를 했을 때 '나는 부족한 사람'이라고 생각하지 말자. 지적이나 피드백은 '일' 때문에 받은 것이지 '나'라는 사람 자체가 받은 것이 아니다. 감정적으로 받아들이기보다 객관적으로 바라보고 개선하려는 연습을 하자.

2. 나만의 회복 루틴 만들기
관계에 지칠 땐 점심시간에 혼자 산책을 하거나 짧은 감정 일기를 써보자. '지금 내 마음이 어떻지?', '왜 나는 이런 감정을 느끼고 있지?'라고 질문을 던지고 감정을 정리하다 보면 내면을 보호하는 방패막이를 만들 수 있다.

3. 무례한 말엔 참지 말고 받아치기
꼭 무례하거나 불쾌한 말을 던지는 사람이 있다. 그럴 땐 그냥 넘기기보다 단호하게 "지금 하신 말씀의 의도가 뭔가요?", "그게 무슨 뜻이죠?"라고 되물어보자. 이런 작은 행동을 통해 불필요한 상처로부터 나를 지킬 수 있다.

워킹맘의 시간은
다르게 흘러야 한다

우리는 회사에서도 바쁘고 집에서도 바쁘다. 아마 워킹맘이 가장 자주 하는 말을 조사해보면 "바쁘다"가 1등을 차지할 것이다. 운동도, 취미 생활도, 자기계발도, 아이와 놀아줄 시간도, 바빠서 없다고 하소연한다. 그래서 워킹맘의 시간 관리는 미혼이나 전업주부와 달라야 한다. 우리는 어디에 있든 늘 여러 가지 일을 동시에 해내야 하기 때문이다.

아무리 하루하루를 열심히 살아가도 뿌듯함, 보람, 자긍심을 느끼는 워킹맘을 찾아보기가 힘들다. 대부분은 '내가 왜 이렇게 살고 있지?', '이게 맞나?' 하며 무엇 하나 제대로 하지 못하고 있다는 자괴감에 빠진다.

그런데 생각해보면 워킹맘이 아니어도 현대인들 중에 시간이 충분하다고 말하는 사람은 없다. 우리가 늘 바쁘다고 말하지만 정작 무엇 때문에 바쁜지 모르는 경우도 많다.

  너무 바빠서 아이와 보낼 시간도, 운동할 시간도, 취미나 자기계발에 쓸 시간도 없다고 느낀다면, 내가 지금 시간을 제대로 쓰고 있는지 점검할 필요가 있다.

시간 관리 체크리스트

- ☑ 1. 직장에서 늘 바쁘게 일하는데 성과가 나지 않는다.
- ☑ 2. 업무 처리 시간이 얼마나 걸리는지 정확히 모른다.
- ☑ 3. 개인 생활에 쓸 시간이 없다.
- ☑ 4. 습관적으로 "시간이 없어"라고 말한다.
- ☑ 5. 퇴근 후에도 업무 생각으로 제대로 쉬지 못한다.
- ☑ 6. 해야 할 일로 머릿속이 가득 차 있고 스트레스와 화가 많다.
- ☑ 7. 인생의 목표가 없다.

  여기서 네 개 이상 해당한다면 지금 당장 하던 일을 멈추고 내 시간을 점검할 필요가 있다. 특히 이 리스트에서 가장 중요한 항목은 바로 7번이다. 목표 유무에 따라 시간의 효용성이 완전히 달라지기 때문이다. 목표를 인생의 나침반에 비유하는 데는 이유가 있다. 지금 당장 이루고 싶은 목표가 없다면, 소소한 것이라도 한 번 만들어보자. 거창하지 않아도 된다.

생산성과 집중력을 높이는 시간 관리법

1. 두뇌가 맑을 때 가장 중요한 일을 한다

연구에 따르면 두뇌 에너지는 오전 9~11시에 가장 활발하며, 이때 가장 중요한 일을 하면 하루 성과의 80퍼센트를 달성한다고 한다. 출근해서 무작정 업무를 시작할 것이 아니라, 할 일 목록을 보며 가장 중요한 일을 오전에 끝내겠다는 목표를 세워보자.

2. 한 번에 한 가지 일을 제대로 한다

흔히 멀티태스킹을 잘하면 일을 빨리 끝낼 수 있다고 생각하지만, MIT 연구에 따르면 오히려 업무 효율을 40퍼센트 저하시킨다고 한다. 실제로 인간의 두뇌는 여러 일을 동시에 처리하는 것이 아니라, 빠르게 전환할 뿐이다.

특히, 한 가지 일을 하다가 다른 일로 넘어가면 다시 기존의 업무로 돌아가기까지 평균 23분 15초가 걸린다는 연구 결과가 있다. 멀티태스킹은 지름길이 아니라 돌아가는 길이라는 걸 기억하자.

3. 몰입할 시간을 블록으로 정하기

집중해서 업무를 끝낼 수 있는 몰입 시간을 정한 뒤, 방해 요소를 차단하자. 대표적인 것이 스마트폰이다. 집중해야 할 때는 스마트폰을 서랍에 넣고 PC에 설치해둔 카카오톡 알람도 꺼보자. 몰입하는 시간을 제대로 확보하면 반드시 일의 수준이 달라진다.

4. 해야 하는 일보다 '하지 않을 일'을 정하기

워킹맘들이 항상 바쁜 이유는 '해야 하는 일' 자체가 많기도 하지만, 모든 일을 떠맡기 때문이다. 그러니 '하지 않을 일' 리스트를 작성해보고 꼭 필요한 것이 아니라면 가짓수를 줄여보자.

5. '숨은 시간' 찾기

출퇴근 시간을 자기계발 시간으로 활용해보자. 많은 것을 완벽하게 하려고 하지 말고 일단 시작하는 것이 중요하다. 단어 몇 개 외우기, 양질의 뉴스 읽기, 책 몇 장 읽기, 대중교통을 이용한다면 살짝살짝 근력운동 하기 등 찾아보면 할 수 있는 것이 많다. 가랑비에 옷 젖듯 작은 습관이 차곡차곡 쌓여갈 것이다.

회사에서 보내는 여덟 시간 내내 온전히 업무를 한다고 보기는 어렵다. 의외로 낭비되는 시간이 많고 실제로 집중해서 일한 시간을 기록해보면 고작 두세 시간에 불과한 경우도 흔하다.

무의미한 회의, 동료와의 수다, 커피 타임, SNS 확인, 인터넷 쇼핑 등으로 소중한 시간을 흘려보내고 있지는 않은가? 지금 나의 하루가 어디를 향해 가고 있는지 스스로에게 물어보자.

나의 행보가
다음 세대의 길을 만든다

"워킹맘들끼리 서로 돕지는 못할망정 나쁜 선례를 남겨 교육 프로그램이 없어지게 생겼어요."

우리 연구소와 여러 차례 육아휴직 복직자 과정을 진행했던 한 기업의 교육 담당자가 한 말이다. 경력직으로 입사한 사람이 문제를 일으켰다는 것이었다.

그는 입사한 지 두 달 만에 임신 사실을 알렸고, 단축 근무를 하다가 출산 한 달 전부터 육아휴직에 들어갔다. 문제는, 육아휴직 기간이 끝나자 곧바로 퇴사를 했다는 것이다.

그 사람만이 아니었다. 이전에도 육아휴직 기간에 이직하는 직원들이 나오다 보니 회사 내에서 여성 직원에 대한 신뢰도가 급격히 떨어졌다고 했다. "어차피 금방 그만둘 거 아니야?", "육아휴직 쓰고 퇴사할 건데 왜 뽑아?"

이런 말이 회사 내에 팽배해지자 여성 직원들을 향한 동료들의 시선은 차가워졌고 꾸준히 제공되던 복지와 기회도 시간이 지날수록 점점 폐지됐단다.

15년간 기업 강의를 하면서 이런 사례를 수도 없이 접했다. 지금도 잊을 수 없는 한 워킹맘이 있는데 그는 육아휴직을 사용하면서 복직과 육아휴직 연장 사이에서 회사와 수차례 논의했지만 결국 퇴사를 선택했다. 회사는 그녀의 복직을 믿고 대체 인력을 뽑지 않았기에 동료들이 그녀의 업무를 떠안아야 했다.

그녀 역시 이런 상황을 누구보다 잘 알고 있었지만, 나에게 이렇게 말했다.

"저는 육아휴직에 들어가는 순간부터 복직할 마음이 전혀 없었어요. 받을 거 받고 퇴사하려고 했죠. 문제 되는 건 아니잖아요?"

그 말은 충격적이었다.

개인의 입장에서 보면 이해할 수 있는 선택일지 모르나, 그녀의 행동은 단순한 개인의 문제가 아니다. 자신의 결정이 회사, 동료, 후배들에게 미칠 영향을 전혀 고려하지 않았다.

이런 사례가 반복되면 어떻게 될까? 한 IT 기업에서는 여성 직원들의 출산 후 복귀율을 높이기 위해 사내 어린이집과 출산 장려금까지 도입했지만 혜택을 받은 일부 직원이 곧바로 퇴사하거나 이직했고, 제도의 실효성을 두고 사내에서 논란이 일었다. 결국, 사내 어린이집 운영은 중단됐고 출산 장려금도 대폭 축소되었다.

제도 악용을 알려주는 커뮤니티

커뮤니티에서 이런 제도를 악용하는 노하우를 공유하는 것도 문제다. "육아휴직 중 둘째를 임신했는데 어떻게 할까요?"라는 글에 "출산휴가 3개월, 육아휴직 1년 모두 퇴직금 산정 시 재직기간에 포함되니 육아휴직 끝나자마자 퇴사하세요. 받을 건 다 받아야죠", "퇴직금은 육아휴직 전 3개월 평균 급여로 계산되니, 퇴사 전에 급여를 조정하는 것도 추천해요" 같은 댓글이 달렸다.

재직 중인 동료나 추후 같은 제도를 이용할 후배들을 전혀 배려하지 않는 이기적인 발언이 아닐 수 없다. 이런 사람들 때문에 "여성은 권리만 누리고 의무는 다하지 않는다"라는 인식이 회사에 생겨나고 사회 전반으로도 퍼지는 것이다.

물론 모든 워킹맘이 이기적인 선택을 하는 것은 아니다. 회사를 다니고 싶지만 아이를 맡길 곳이 없거나 회사 여건이 뒷받침되지 않아 어쩔 수 없이 퇴사하는 경우도 많다. 절박한 상황에서 하는 수 없이 퇴사하는 워킹맘들조차 똑같은 시선으로 싸잡아 비난받는 현실이 무척 속상하다. 다만, 우리가 비판해야 할 것은 제도를 악용하는 일부의 태도이지 퇴사를 고민하는 워킹맘 전체가 아니다.

워킹맘들이 퇴사하지 않고 일과 육아를 병행할 수 있도록 제도와 조직 문화, 인프라를 제대로 갖추는 것이 무엇보다 중요하다. 그러나 이러한 시스템을 만드는 것은 개인이 단번에 해결할 수 있는 문제가 아니기에 각자가 할 수 있는 것부터 실행하는 노력이 필요하다.

우리는 서로 연결되어 있다. 내가 회사에 남긴 선례는 후배들의 입지와 기회에 직접적인 영향을 미친다. 지금 우리가 누리고 있는 육아휴직, 단축근무 같은 법적 제도 역시 그냥 주어진 것이 아니다. 출산휴가 3개월을 쓰는 것조차 눈치를 봐야 했던 선배 여성들의 노력과 희생이 있었기에 오늘날 우리가 이 혜택을 누리는 것이다. 그러니 우리 스스로 신뢰를 잃지 않도록 주의해야 한다.

'나는 지금 우리 회사에 어떤 선례를 남기고 있는가?'

'우리 딸들이 살아갈 다음 세상을 위해, 나는 어떤 태도를 취해야 하는가?'

우리의 결정이 후배들에게 영향을 미친다는 점을 항상 기억하자.

바쁜 부모를 위한 핵심 요약

1. 생계형 맞벌이일수록 일을 잘해야 한다
생계형 워킹맘은 회사를 위해서가 아니라 나 자신을 위해서라도 무조건 일을 잘해야 한다. 언젠가 회사를 벗어나 내 이름 석 자로 생존하는 날을 위해 지금부터 준비하자.

2. 일을 대하는 엄마의 태도가 아이 인생을 바꾼다
부모가 자기 일을 대하는 태도가 아이에게 일을 바라보는 가치관을 심어준다. 아이 앞에서는 "일하기 싫어", "직장에서 스트레스를 받아", "먹고살려면 어쩔 수 없어" 같은 부정적인 말을 가급적 삼가자.

3. 존재감이 있어야 기회를 잡는다
가만히 있는데 회사가 알아서 우리의 가치를 인정해주지 않는다. 내가 어떤 사람이고 무엇을 잘하는지 스스로 어필해야 기회를 잡을 수 있다.

4. 직장은 친분이 아니라 성과로 말하는 곳
직장은 일을 하기 위해 협력하는 공간이지 학부모 모임처럼 개인적인 친분을 쌓는 곳이 아니다. 직장에서의 신뢰는 친밀감보다는 전문성과 성과 중심으로 쌓아가자.

5. 상처받지 않고 인간관계 맺는 법

모든 사람이 나를 좋아할 수 없고 그럴 필요도 없다. 나의 진가를 모르는 사람들에게 내 감정과 시간을 낭비하지 말자. 열 명 중 한 사람만 나를 좋아한다는 7-2-1 법칙을 기억하자.

6. 워킹맘의 시간은 다르게 흘러야 한다

나는 무엇을 위해 이 시간을 쓰고 있는가? 이 일이 내 목표를 이루는 데 어떤 도움이 되는가? 이러한 질문에 대답할 수 있는 하루하루를 만들자.

7. 나의 행보가 다음 세대의 길을 만든다

내가 남긴 선례는 후배들과 우리의 자녀 세대가 누릴 기회에 직접적인 영향을 미친다. 워킹맘에 대한 신뢰가 무너지지 않도록 우리 스스로 철저하게 지키도록 노력하자.

5장

사이좋은 부부가
아이의 정서를 좌우한다

우리 부부 사이,
지금 괜찮은가요?

부부 갈등을 소재로 다룬 예능 프로그램이 인기를 끌고 있다. 이런 방송을 보고 있으면 모든 부부는 저마다의 이유로 고민과 상처를 안고 있음을 알 수 있다. 돈, 성격 차이, 자녀교육, 종교나 취미 생활, 알코올, 도벽, 건강, 양가 부모와의 갈등까지 부부 갈등을 빚는 요인에는 정답이 없는 듯하다.

그렇다면 우리 부부는 어떨까? 대부분은 냉탕과 온탕을 오가겠지만, 평균 온도가 어느 정도일지 한 번 생각해볼 필요는 있다. 두 사람 사이의 기본 온도가 아이에게 미치는 영향이 절대적이기 때문이다.

"살면서 가장 잘한 일이 현재 배우자를 만난 것이라고 생각하시는 분?"

강의 때 이런 질문을 하면 많지는 않아도 손을 드는 분들이 있다. 그러면 나는 자신 있게 말한다. "아이 걱정은 하나도 안 하셔도 돼요.

무조건 잘 클 겁니다."

너무 당연하지만, 엄마 아빠의 사이가 좋으면 아이의 정서가 안정되어 몸도 마음도 건강하게 자랄 확률이 아주 높아진다. 실제로 많은 연구 결과도 부부 사이가 원만할수록 아이의 자존감, 학업 성취도, 사회성, 정서적 안정감이 높아진다는 것을 보여준다.

하지만 우리의 현실은 많이 다르다. 기혼 여성의 분노 대상 1위가 남편인 경우가 태반이다. 특히 워킹맘들이 남편에게 억울함과 분노를 많이 느낀다.

"똑같이 일하는데, 왜 살림은 나 혼자 해?"

"왜 애가 아플 때 나만 눈치 보면서 조퇴해야 해?"

"당신은 회식마다 참석하는데 왜 나는 어쩌다 가는 것도 눈치 봐야 해?"

이런 생각을 하다 보면 내가 이러려고 결혼했나 싶어 서운함이 커져간다. "가장 후회하는 일은 결혼한 것이고, 가장 잘한 일은 아이를 낳은 거예요"라고 말하는 엄마들도 많다.

부부의 친밀감이 정서 발달의 핵심

아이가 안정감 있게 자라기 위해서는 부모가 아이에게 잘하는 것도 중요하지만 부부끼리 얼마나 친밀한가도 엄청난 영향을 미친다. 엄마 아빠가 서로 눈을 맞추며 대화하는지, 잠은 함께 자는지 각방을 쓰는지, 외출할 때 손을 잡고 걷는지 멀찍이 떨어져 걷는지…… 이 모든 모습이 아이에게 그대로 스며든다.

그러니 아이를 잘 키우고 싶다면, 먼저 부부 관계부터 돌아보자. 엄마와 아빠가 서로 다정한 모습을 보이는 것만큼 아이에게 큰 안정감을 주는 것은 없다. 부모는 아이에게 우주이기에 이 우주가 흔들리면 아이들은 자신이 세상에 존재하는 이유를 찾지 못한다.

특히 실패를 경험할 때 심리적으로 안정된 아이의 태도는 더욱 돋보인다. 자신이 가치 있고 소중한 존재임을 아는 아이는 실패나 좌절 앞에서도 쉽게 흔들리거나 좌절하지 않는다.

반면, 부모가 자주 다투고 차가운 분위기에서 자란 아이는 늘 불안과 긴장 속에 살기 때문에 작은 스트레스에도 쉽게 포기하고 이번 생은 망했다, 나는 절대 못해, 어차피 안 돼 같은 말을 습관처럼 내뱉는다.

지금 우리 부부 사이가 어떤가에 따라 아이의 '정서적 유산'이 된다는 사실을 기억하자.

좋은 아빠가 되고 싶다면 먼저 좋은 남편이 되자

현장에서 일하다 보면 '아빠 육아'를 적극 실천하는 젊은 아빠들이 많아지는 것을 느낀다. 참 다행이다. 그런데 진짜 좋은 아빠가 되기 위해 아주 중요한 것이 있다. 바로 '좋은 남편'이 되는 것이다.

프랑스의 신경정신의학자 보리스 시릴니크^{Boris Cyrulnik}는 이렇게 말했다. "아버지란 존재는 어머니의 입을 통해 말해진다."

아이가 아빠를 어떻게 인식하는지는 엄마가 아빠를 어떻게 말하느냐에 달려 있다는 뜻이다. 엄마가 아이에게 "아빠는 멋진 사람이야", "아빠 덕분에 우리가 이렇게 편안하게 사는 거야", "아빠가 우리 아들 엄청 사랑하는 거 알지?" 같은 말을 하면 아이는 아빠를 긍정적인 존재로 받아들인다.

반면 "네 아빠는 도대체 왜 저러니?", "넌 절대 아빠 같은 사람 만나지 마", "아빠는 가족보다 일이 더 중요한가 봐" 같은 말을 하면 아빠를 '나쁜 사람', '우리 가족을 사랑하지 않는 사람'으로 여기게 된다.

그러니 아이에게 사랑과 존경을 받고 싶다면, 먼저 아내의 마음부터 확실히 사로잡자. 아내를 행복하게 해주면 아내는 남편에게 받은 사랑을 아이에게 더 큰 사랑으로 되돌려준다.

• TIP •

좋은 남편이 되는 가장 현실적인 방법 5

1. 집안일과 육아는 공동의 일이다
내가 도와줄게 X → 내가 할게 O

2. 아내의 감정을 이해하려 노력한다
왜 또 그래? X → 힘든 일 있었어? O

3. 아내에게 '휴식'을 선물한다
"이번 주말에는 푹 쉬어, 애들은 내가 볼게." 이 한마디가 상당히 많은 것을 해결해 준다.

4. 부부 관계의 질은 스킨십과 눈맞춤에 달려 있다
눈을 자주 바라보고 스킨십을 하는 부부일수록 관계 만족도가 높다. 매일 짧게라도 서로의 눈을 맞추고 가벼운 스킨십을 하자.

5. 아이들에게 '엄마가 1순위'임을 인식시킨다
"엄마는 아빠 거야", "아빠가 세상에서 가장 사랑하는 여자가 바로 엄마야" 같은 말을 자주 해보자. 아이들은 자연스럽게 '아빠의 1순위는 엄마'이고 '엄마는 중요한 사람'이라는 것을 느끼게 된다.
행동도 중요하다. 맛있는 것은 아내부터 주기, 무거운 짐은 대신 들어주기, 아내가 무엇을 좋아하는지 아이에게 알려주기 같은 행동을 자주 하면 아이들도 자연스레 부모를 존중하는 법을 배울 수 있다.

친밀한 부부는 무엇이 다를까

부부 사이가 중요하다는 점을 알았다면, 이제 우리 부부의 친밀도를 체크해보자.

- ☑ 1. 부부끼리 부르는 애칭이 없다.
- ☑ 2. 아이 이야기 외에는 대화할 주제가 없다.
- ☑ 3. 둘이 있으면 어색하다.
- ☑ 4. 말이 안 통한다, 대화가 안 된다고 느낄 때가 많다.
- ☑ 5. 따로 자는 게 편하다.
- ☑ 6. 스킨십, 눈맞춤, 부부 관계를 안 한 지 오래되었다.
- ☑ 7. 함께 있지만 외롭다고 느낄 때가 많다.
- ☑ 8. 나만 희생하는 것 같다는 생각이 들어 억울하다.
- ☑ 9. 배우자를 보면 짜증부터 나서 말투가 거칠어진다.

☑ 10. 일주일에 세 번 이상 싸운다.

☑ 11. 우리 부부는 너무 안 맞는 것 같다.

☑ 12. '이럴 거면 나랑 왜 결혼했지?'라는 생각이 종종 든다.

☑ 13. 우리 부부 사이에는 벽이 있다.

☑ 14. 대화를 시도해도 늘 싸움으로 끝난다.

만약 여덟 개 이상 해당된다면 부부 간 친밀도가 약해졌다는 신호일 수 있다. 부부가 함께 체크하고, 결과에 대해 솔직하게 대화해보자. 하다 보면 의외로 '동상이몽'임을 확인할 수도 있지만, 서로의 감정을 이해하고 차이를 좁히는 기회로 삼는다면 관계 개선에 큰 도움이 될 것이다.

부부 코칭을 하면서 보니 관계가 좋은 부부들에게는 몇 가지 공통점이 있었다. 첫째, 서로 애칭을 사용한다는 점, 둘째, 자녀 이야기 외에도 함께 즐기는 취미나 관심사가 있어서 대화의 소재가 다양하다는 점, 셋째, 자연스럽게 스킨십을 나눈다는 점, 넷째, 서로 감정 표현에 적극적이며 작은 칭찬과 격려를 자주 한다는 점 등이었다.

이번 기회에 누구 엄마, 누구 아빠 대신 서로를 위한 애칭을 만들어 보는 건 어떨까? 함께 할 수 있는 취미 생활이나 활동을 찾아보는 것도 좋다. 이런 작은 변화가 관계 회복의 시작이 되어줄 것이다.

부부 친밀도를 높이는 가장 확실한 방법

코넬대 인간행동연구소에서 2년간 다양한 문화권의 남녀 5,000명을 대상으로 사랑의 지속 기간과 강도를 연구했다. 그 결과 도파민, 페닐에틸아민, 옥시토신 같은 호르몬 수치는 사랑의 초기 단계에서 높다가, 약 2년 후부터 급격히 감소한 후 점점 사라졌다는 사실을 밝혀냈다. 한마디로, 사랑의 유효기간은 길어야 3년이라는 것이다.

100세 시대를 살아가는 우리는 평균 50년 이상을 지금의 배우자와 함께해야 한다. 이 긴 세월을 서로 싸우고 미워하며 살아간다면 얼마나 끔찍할까?

달린 샤흐트는 "성공적인 결혼이란 완벽한 두 사람의 결합이 아니라, 불완전한 두 사람이 서로 용서하고 포용하는 법을 배우는 것이다"라고 말했다. 완벽하지 않기에 서로를 있는 그대로 인정하고 의식적으로 노력해야 한다. 오늘부터 부부 친밀감을 높이기 위해 다음과 같은 노력을 해보자.

1. 서로를 존중하기

아이가 태어나면 배우자는 뒷전이 되기 쉽다. 그래서 의식적으로라도 서로를 '가장 중요한 사람'으로 대하려는 노력이 필요하다. 아침저녁으로 배우자와 마주칠 때마다 "잘 잤어?", "밥 먹었어?", "힘들었지?", "수고했어" 같은 작은 관심을 표현해보자.

2. 싫어하는 행동 한 가지를 중단하기

건강해지기 위해 보양식을 먹는 것도 중요하지만 몸에 해로운 음식을 끊는 것이 더 도움이 된다. 부부 관계도 마찬가지다. 잘해주는 것도 중요하지만. 상대방이 싫어하는 행동을 하나라도 안 하는 것이 부부 관계를 훨씬 좋게 만든다.

세면대에서 발 씻지 않기, 냉동실에 음식을 쌓아두지 않기, 양말은 펴서 세탁기에 넣기, 배달음식 먹고 바로 치우기 같은 사소한 것만 신경 써도 배우자는 존중받았다고 느낄 것이다.

3. 상대방을 바꾸려고 하지 않기

배우자를 바꾸려 하는 것만큼 어리석은 생각은 없다. 나의 습관 하나도 바꾸기가 힘든데 누구를 바꾸겠는가? 포기할 것은 빨리 포기하거나 내가 마음을 바꾸는 게 훨씬 빠르고 편하다. 오늘부터는 배우자를 바꾸려고 하지 말고, 있는 그대로 존중하려는 태도를 가져보자.

4. 하루에 한 번, 서로에게 듣고 싶은 말 해주기

사람은 누구나 인정받고 싶어 한다. 누가 되었든 내 노력을 당연하게 여기면 서운함과 억울함이 커진다. 배우자가 어떤 말을 들으면 힘이 나는지 물어보고, 매일 한 번 이상 그 말을 해주자. 말로 하기 쑥스럽다면 처음에는 문자나 카카오톡 메신저를 쓰는 것도 좋다.

5. 서로의 장점 목록 만들기

결혼 전에는 장점이라 생각한 것이 결혼 후에는 단점이 되는 경우가 있다. 과묵하고 듬직한 모습이 좋아 보였는데 지금은 답답해 보이고, 다정해서 좋았던 점이 이제는 오지랖으로 보이기도 한다.

그렇다면 배우자의 장점 리스트를 만들어보자. 나는 남편의 장점을 핸드폰 메모장에 정리해두고, 화가 날 때마다 보면서 감정을 조절한다. 배우자가 가진 다양한 장점을 떠올리는 것만으로도 불필요한 갈등을 줄이고, 관계를 더 긍정적으로 바라볼 수 있다.

6. 서로의 꿈을 응원하고 함께 성장하기

행복한 부부를 보면 서로의 꿈을 진심으로 지지하고 응원한다. 배우자의 목표와 가치관을 존중하고 그 꿈을 실현할 수 있도록 격려하는 과정에서 두 사람의 유대감은 더욱 깊어진다. 훗날 "우리 둘 다 잘 컸지?"라고 말할 수 있다면, 그것만큼 멋진 삶이 또 있을까?

아이가 중심에 있을수록 부부는 멀어진다

아이가 태어나면 부부 사이에는 엄청난 변화가 생긴다. 특히 영유아기에는 만성 수면 부족으로 대화가 줄어들고 둘만의 시간도 사라지기에, 사소한 일에도 예민해지고 작은 일에도 화가 나기 쉽다. 이때 자칫 감정의 골이 깊어지면 산후 우울증을 비롯해 여러 심리적 어려움이 생길 수 있다. 이런 상황에서 일상의 모든 기준이 아이에게만 맞춰지면, 가정의 중심이 부부에서 아이로 점점 옮겨간다.

물론, 아이를 중심으로 돌아가야 하는 시기는 있다. 하지만 아이가 성장할수록 무게 중심을 다시 '부부'로 가져와야 한다. 그렇지 않으면 배우자는 아이를 위해서만 존재하는 사람이 되어버린다.

놀랍게도 아이가 가정의 중심이 될수록 부부의 이혼 확률이 높아진다는 연구 결과가 많이 나오고 있다. 아이를 중심으로 한 육아 패턴이 부부 관계에 미치는 영향을 조사한 미국 미네소타대 연구팀에 따르면, 부부 관계보다 아이를 우선시하는 가정일수록 부부의 친밀도가 낮아지고, 이혼율이 증가하는 것으로 나타났다. 연구진은 아이 중심 가정이 부부 중심 가정보다 이혼 확률이 최대 67퍼센트까지 높을 수 있다고 밝힌 바 있다.

아이는 본능적으로 세상이 나를 중심으로 돌아간다고 믿는다. 그런데 가정에서도 엄마 아빠가 나를 위주로 생활한다고 느끼면 자기중심적인 태도가 점점 고착되어 사회 생활을 시작할 때 문제가 될 수 있다. 그래서 아이가 어느 정도 크고 나면 가정의 중심을 부부에게로 돌려야 한다.

부부 중심으로 일상을 보내되, 그 속에 아이가 원하는 것들을 조금씩 넣는 것이 중요하다. 이렇게 하면 부부의 친밀함과 아이의 정서적 안정감을 모두 유지할 수 있다. '내가 원하는 것을 항상 다 가질 수는 없구나'라는 사실을 깨달으면서 욕구를 조절하는 능력도 키울 수 있다. 육아를 하다 보면 '나는 사라지고 아이만 남아 있는' 기분이 들 때가 있는데 부모가 스스로를 아껴야 아이도 부모를 존중한다. 자신조차 돌보지 않는 부모를, 아이가 진심으로 존중하긴 어렵다.

· TIP ·

부부의 시간을 확보하는 방법 5

1. 결혼 후에도 부부 데이트는 필수
한 달에 한 번은 꼭 둘만의 외출을 계획해보자. 외출이 어렵다면 집에서라도 부부 데이를 만들어 시간을 보내는 것도 좋다. 이 시간을 '의식적으로' 만드는 것이 중요하다.

2. 퇴근하면 배우자에게 가장 먼저 인사하기
퇴근하면 아이에게만 인사를 하고 배우자는 지나치는 경우가 많다. 이제는 배우자에게 먼저 인사를 건네자. 엄마, 아빠가 서로를 소중히 대하면 아이도 자연스럽게 건강한 관계를 배운다.

3. 작은 이벤트로 설렘 유지하기
생일, 기념일, 밸런타인데이 같은 날을 상술이라며 넘기지 말고, 오히려 더 챙겨보자. 그런 날이라도 마음을 표현할 기회를 만들어야 한다. 작은 선물, 손편지, 따뜻한 말 한마디가 부부 사이를 더 단단하게 만들어준다.

4. '육퇴' 후 대화하기
육아가 끝나면 각자 스마트폰을 보다가 잠드는 경우가 많다. 오늘부터는 서로의 근황을 물으며 대화하는 시간을 가져보자.

5. 스킨십은 사랑의 비타민
손 잡기, 포옹하기, 눈 맞추기로도 부부 사이가 좋아질 수 있다. 특히 포옹이 주는 효과는 생각보다 크다. 가족 치료의 대가 버지니아 사티어(Virginia Satir)는 '우리가 생존하기 위해서는 하루 네 번의 포옹이 필요하고, 삶을 온전히 유지하려면 여덟 번, 성장을 위해서는 열두 번의 포옹이 필요하다'라고 말했다. 자주 따뜻하게 안아주며 스킨십을 해보자.

부부 사이가 삐끗하면
아이 마음이 허기진다

　　　　　　부부가 자주 다투거나 냉랭한 관계를 유지하면 아이들은 그 불안을 고스란히 안고 살아가게 된다. 이때 불안함을 달래고 정서적 허기를 채우기 위해 부모에게 매달리거나 칭얼대는 경우가 있다. 처음에는 졸졸 쫓아다니는 수준이지만 점차 행동이 거칠어지고, 그래도 부모가 외면하거나 차갑게 대하면 어느 순간 마음의 문을 닫아버린 채 심리적 공허함을 외부에서 채우려 한다. 이를 '정서적 허기'라고 한다.

　정서적 허기란, 부모의 애정과 안정감 속에서 채워야 하는 감정이 충족되지 않을 때 생기는 심리적 결핍 상태를 말한다. 이때 나의 존재를 타인과의 관계에서 증명하려는 욕구가 커지다 보면, 나쁜 유혹에 쉽게 흔들릴 수 있다. 부모에게 사랑받지 못한 아이들이 누군가 조금만 잘해줘도 쉽게 마음을 내어주고 때로는 위험한 관계에도 빠져드는 이유이다.

부부 관계는 아이의 정서에 절대적인 영향을 미친다는 것을 많은 연구 결과가 뒷받침한다. 버지니아 대학 연구에 따르면, 부부 갈등이 심한 가정에서 자란 아이들은 정서적 불안이 세 배 이상 높고 공격성과 위축 행동이 두 배 이상 증가하는 것으로 나타났다.

한국청소년정책연구원 조사에서도 유사한 결과가 나왔다. 부부 갈등이 심한 가정의 아이들은 또래보다 우울, 불안, 충동성이 높고 학업 성취도가 낮으며 비행, 가출, 각종 중독에 빠질 확률이 두 배 이상 높은 것으로 나타났다. 그래서 부부의 갈등은 단순한 부부 문제가 아니다.

부부 갈등이 심한 가정에서 자란 아이들의 특징

1. 불안과 스트레스가 높다

부모가 직접 싸우는 모습을 보이지 않아도, 차가운 기운과 긴장감만으로 아이는 모든 걸 느낀다. 특히 '내가 착해야 엄마 아빠에게 버림받지 않는다'라는 불안감에 시달리다 보면 착한 아이 증후군에 걸려 자기 감정보다 타인의 기분을 우선시하고, 지나치게 눈치를 보는 성향이 굳어질 수 있다.

2. 자기 탓을 하며 죄책감을 느낀다

부모가 싸우면 자신 때문이라고 생각하는 아이가 많다. '내가 말을 잘 안 들어서 싸우는 걸까?', '내가 착한 아이였다면 부모님이 싸우지 않았을까?'

이런 생각을 반복하다 보면 죄책감이 쌓이면서 아이의 자존감이 무너질 수밖에 없다.

3. 감정 표현법을 배우지 못한다

부모가 서로를 비난하고 소리 지르는 모습을 보면서 자란 아이들은 건강한 의사 소통법을 배우지 못해 친구와의 관계에서도 감정을 드러내지 않거나 공격적인 태도를 보이고, 상대를 신뢰하지 못하는 등의 반응을 보인다.

4. 문제 행동을 할 가능성이 커진다

부부간 불화가 심한 가정의 아이들은 가출, 비행, 중독 행동을 보일 확률이 훨씬 높다. 한국청소년정책연구원의 조사 결과에 따르면, 가출 청소년의 75퍼센트가 부모의 갈등이 심하거나 이혼한 가정 출신이었다. 또한, 청소년 비행 연구에 따르면 부모의 불화가 심한 아이들은 절도, 폭력, 음주, 흡연 등의 문제 행동을 보일 확률이 두 배 이상 높았다. 이들은 성인이 되어서도 대인관계에서 갈등을 조절하는 능력이 부족하고, 분노 조절 장애를 겪을 가능성이 크다.

5. 사랑을 부정적으로 인식한다

엄마 아빠가 자주 싸우는 모습을 보면서 자란 아이는 '결혼은 불행한 것', '가족은 서로에게 상처를 주는 관계'라는 잘못된 인식을 가진다. 한 연구에 따르면, 부부 사이가 나쁜 가정에서 자란 아이들은 성인이 된 후에도 연애나 결혼 생활에서 갈등을 빚을 확률이 두 배 이상 높았다.

현실적으로 부부가 싸우지 않고 살기란 불가능하다. 어쩌면 부부싸움도 결혼 생활의 일부일지 모른다. 그래서 중요한 것은 싸움 그 자체가 아니라, 싸운 후의 태도와 해결 방식이다. 감정이 격해질수록 한 발짝 물러서서, 우리가 주고 받는 말과 행동이 아이에게 어떤 영향을 미칠지 생각해보자.

• TIP •
부부 싸움 후
아내가 해야 하는 행동 4

1. 아이 앞에서 아빠 험담이나 신세 한탄을 하지 않기

아이들은 엄마의 말과 행동에 더 큰 영향을 받는다. 엄마가 아빠를 비난하거나 불만을 자주 표현하면, 아이도 아빠에 대해 부정적인 감정을 가질 수밖에 없다. 그러니 아이 앞에서는 절대 배우자 험담을 하지 말자. 아이가 있는 자리에서 제3자에게 남편 흉을 보는 행동도 절대 하면 안 된다.

2. 엄마의 감정을 담담하게 설명해주기

아무렇지 않은 척해도 아이들은 부모의 감정을 직감적으로 눈치챈다. 그러니 아이가 불안해할 때는 "엄마와 아빠가 의견이 좀 달라서 대화를 나누는 중이야. 싸우는 거 아니니까 걱정하지 마"처럼 솔직하고 담담하게 설명해주는 것이 좋다. 이때 아이가 죄책감을 느끼지 않도록 "너 때문이 아니니까 걱정 마"라고 덧붙여주는 것이 좋다.

3. 아이는 모든 것을 알고 있다

'아직 어린 얘가 뭘 알겠어?'라는 안일한 생각은 아주 위험하다.
부모가 조금만 무표정해도 아이들은 불안과 초조함을 느끼는 것은 물론, 심한 경우 '이러다가 내가 버려질지도 몰라'라는 극단적인 두려움을 느낄 수 있다. 그러니 부부 싸움 후에는 아이가 불안을 느끼지 않도록 꼭 안아주거나 따뜻한 말로 안정감을 되찾게 해주는 것이 중요하다.

4. 비난하거나 경멸하지 않기

아무리 감정이 격해져도 비난, 경멸, 모욕적인 말은 절대 하지 않는다. 말로 받는 상처는 쉽게 치유되지 않으며, 시간이 흐른 뒤에도 그때의 말이나 행동은 마음속 깊은 상처로 남을 수 있다. 그래서 배우자에게 상처가 될 수 있는 말은 애초에 하지 않는 것이 중요하다. 날카로운 말들이 쌓이면 서로에게 벽이 생기고, 결국 관계 회복이 어려워질 수 있다.

아이 앞에서 싸울 때 명심할 것들

아이 앞에서 싸우면 안 된다는 걸 머리로는 알지만 실천하기는 쉽지 않다. 그렇다고 너무 죄책감을 갖지는 말자. 싸움을 전혀 하지 않는 것이 반드시 좋다고도 할 수 없고, 치열하게 싸우면서도 서로의 한계와 감정의 아킬레스건을 확인하고 건강하게 화해하는 부부들이 더 잘 사는 경우도 많다. 그래서 중요한 것은 싸움 자체가 아니라, 어떻게 싸우고 어떻게 화해하느냐이다.

지혜롭게 싸우는 방법 5

1. 폭언, 폭행, 극단적인 표현은 절대 금지

부부끼리 절대 해서는 안 되는 것이 폭언, 폭행이다. 상대방에게 평생 상처로 남을 뿐 아니라 아이에게도 심각한 불안을 줄 수 있어서다. "야", "지가" 같은 호칭, "네가 그러고도 애 아빠냐?", "꺼져!", "재수 없어.", "이혼해" 같은 말도 당연히 안 된다.

이런 언행은 한번 시작하면 점점 수위가 높아지기 때문에 상처를 회복하는 데도 오랜 시간이 걸린다. 따라서 각자의 부모님은 언급하지 않기, 욕설 및 금기어 쓰지 않기 같은 규칙을 평소에 정해두는 것이 좋다.

2. 아이 때문에 싸우는 게 아니라고 설명해준다

"너 때문에 싸운 게 아니야", "엄마, 아빠도 때로는 의견이 다를 수 있어. 하지만 곧 화해할 거니까 걱정하지 마" 같은 말을 아이에게 꼭 해주자.

아이에게 절대 하지 말아야 할 말도 있다. "너 때문에 사는 거야", "내가 너희만 아니었어도 벌써 이혼했는데" 같은 말은 아이에게 자신이 이 불행의 원인이라는 죄책감을 심어준다는 점을 기억하자.

3. 잘못했다면 확실히 사과한다

잘못한 일을 사과하지 않고 어물쩍 넘어가는 것만큼 감정의 찌꺼기를 만들어내는 일도 없다. 이런 불만이 쌓이다 보면 작은 다툼이 큰 싸움으로 번질 수 있다. 그러니 내가 잘못한 게 분명하다면 확실히 사과하는 것이 중요하다.

4. 아이 앞에서 화해하는 모습을 보여준다

만약 아이 앞에서 싸웠다면, 화해하는 모습도 보여줘야 한다. "엄마랑 아빠가 어제 싸웠지만 이제 화해했어" 하며 서로 포옹하는 모습을 아이에게 보여주자.

부부가 이런 모습을 자주 보여주면 '엄마 아빠는 싸워도 화해를 하는구나'라는 믿음과 안도감을 갖게 된다. 특히 주말 부부라면 반드시 아이가 보는 앞에서 화해하고 헤어져야 한다. 그렇지 않으면 아이는 일주일 내내 '다음 주에 엄마(아빠)가 안 오면 어떡하지?' 하며 불안해할 수 있다.

아이 앞에서 화해하는 모습을 보일 때는 상대방의 사과를 진지하게 받아주는 태도도 중요하다. "뭐가 미안한데? 구체적으로 말해봐" 하며 따지듯 말하면 그 피해는 고스란히 아이에게 돌아간다는 점을 잊지 말자.

• TIP •
관계 회복 심리학자가 추천하는
유대감을 강화시키는 대화법 7

1. 파악하기

부부는 유대감이 사라지면 배우자를 공격하거나 비난하고 때로는 회피한다. 그런데 공격/공격, 공격/회피, 회피/회피의 대화 방식으로는 어떤 문제도 해결하지 못한다. 평소 우리 부부의 대화 방식이 어떠한지 파악해보자.

2. 상처의 뿌리 찾기

상처의 뿌리를 찾아 치유하지 않으면 부부 관계는 계속 어긋난다. 각자 자신이 가진 상처의 근원이 무엇인지 알아야 배우자에게 화를 내는 대신 자신의 아픔을 솔직하게 드러낼 수 있다.

3. 갈등의 시작으로 돌아가기

연극, 역할 바꿔보기 등을 통해 갈등 상황을 직접 재연해보자. 자신의 모습이 배우자에게 미친 영향을 깨달을 수 있다.

4. 요청하기

자신이 가장 두려워하는 것과 배우자에게 원하는 것이 무엇인지 솔직하게 말한다.

5. 용서하기

과거 서로에게 받은 상처를 허심탄회하게 언급하고, 진심으로 용서받고 용서한다.

6. 접촉하기

부부 관계를 강화하는 데 성관계만큼 좋은 것이 없다. 자유롭게 표현하고 나눌 수 있어야 부부 관계가 더욱 견고해지고 탄탄해진다.

7. 유지하기

회복한 사랑을 계속 유지하려면 의식적인 노력이 필요하다. 배우자의 단점보다 장점을 찾고, 비난보다 칭찬과 격려를 하며, 감정을 솔직하게 표현하는 것이 중요하다.

사랑보다 예의가 먼저다

　　　　　　　　　부부 사이가 좋은 사람들의 공통점 중 하나는 말을 '예쁘게' 한다는 것이다. 존댓말을 쓰고 수시로 "사랑해" 하는 것만 예쁜 말이 아니다. 같은 말도 기분 나쁘지 않게 표현하고 말투 또한 다정하다. 실수하면 비난하지 않고 그럴 수도 있다고 받아들이며, 상대방을 존중한다.

　부부 관계에서 말투는 생각보다 훨씬 중요하다. 아무리 사랑해도, 퉁명스럽거나 무시하는 말투는 관계를 멀어지게 만든다. 부부 사이에서는 '무엇을 말하느냐'보다 '어떻게 말하느냐'가 훨씬 더 중요해서 말투 하나가 결혼 생활을 지키기도, 깨뜨리기도 한다.

　워싱턴대 심리학자인 존 가트맨 John Gottman 박사는 40년간 3,000쌍 이상의 부부를 연구해 부부 관계를 결정짓는 가장 중요한 요소 중 하나가 '말투와 언어 습관'이라는 사실을 밝혀냈다. 그의 연구 결과에 따르면, 부부가 다정하고 존중하는 말투를 사용할수록 결혼 만족도는 높아지고 이혼율은 감소했다. 반면 비난, 조롱, 방어적인 말투를 반복할 경우 이혼 확률이 94퍼센트에 달했다. 게다가 경멸의 말을 주고받는 사람은 그렇지 않은 사람에 비해 질병 발생률이 40배나 높았다고 한다.

말투는 단순한 습관이 아니다. 상대를 향한 배려와 존중, 그리고 예의다. 다정한 말투는 배우자의 자존감을 높이고 심리적 안정감을 준다. 그러니 배우자를 정말 아끼고 사랑한다면 예의를 갖춘 다정한 언어는 기본이 되어야 한다.

말하지 않으면 아무도 모른다

소와 사자가 결혼했다. 둘은 서로를 깊이 사랑해 늘 최선을 다하기로 약속했다. 소는 사자를 위해 날마다 가장 맛있는 풀을 대접했고, 사자는 소를 위해 꾹 참고 풀을 먹었다. 사자는 소를 위해 가장 연하고 맛있는 살코기를 대접했고, 고기를 먹지 못하는 소 역시 괴로웠지만 참고 먹었다. 하지만 시간이 흐르면서 둘의 인내심은 바닥을 드러냈고, 결국 헤어지고 말았다.

둘은 서로를 원망하며 이렇게 말했다. "나는 정말 당신에게 최선을 다했어!"

많은 사람들이 말하지 않아도 내 마음을 알아주길 바란다. 하지만 생각해보자. 나조차 내 마음을 정확히 모를 때가 있는데, 상대가 어떻게 내 마음을 알겠는가?

우리는 솔직하게 표현해야 한다. 하지만 솔직하려면 용기가 필요하다. 그래야 둘 사이에 오해가 생기지 않는다. 오해를 막으려면 감정을 숨기기보다 원하는 바를 명확하게 전달해야 한다. "안 바쁘면 일찍 퇴근할 수 있어?"보다 "몸이 안 좋은데 당신이 일찍 퇴근하고 와서 아이들 저녁 좀 챙겨주면 좋겠어"라고 구체적으로 밝혀야 오해와 갈등이 줄어든다.

그래서 진짜 배려는 내 감정을 숨기는 것이 아니라 상대가 내 마음을 정확히 이해할 수 있도록 표현하는 것이다. 이제는 '알아서 해주겠지' 하며 기대만 하지 말고, 원하는 바를 분명하게 전달하자.

· TIP ·

부부 사이에 자주 하면 좋은 존중의 언어 5

1. 고마워 - 자주 할수록 효과적이다
"오늘 저녁 맛있었어, 고마워."
"당신이 마사지 해주니까 정말 시원하다, 고마워."
"애들 씻겨줘서 고마워. 덕분에 한숨 돌렸어."

2. 수고했어 - 고생을 알아주면 삶의 원동력이 생긴다
"오늘 하루도 고생 많았어. 수고했어."
"당신도 힘든데 가족을 위해 애써줘서 고마워."

3. 덕분이야 - 인정받는 사람은 어디서나 빛난다
"우리가 이렇게 편하게 사는 게 다 여보 덕분이야."
"당신이랑 결혼해서 참 다행이야. 당신 덕분에 아이들이 잘 자라는 것 같아."
"자기가 열심히 살아줘서 마음이 참 편안해. 늘 고마워."

4. 자기는 정말 좋은 부모야 - 칭찬은 자존감을 끌어올린다
"당신처럼 자상한 아빠가 있어서 우리 아이들은 정말 행복할 거야."
"이 세상 어디에도 너 같은 엄마는 없을걸? 우리 애는 복 받았어."
"일하면서 아이 키우기가 쉽지 않은데 자기는 참 대단해. 존경스러워."

5. 미안해 - 사과할 줄 아는 사람은 내공이 다르다
"아까 기분 상했지? 짜증 내서 미안해. 내가 잘못했어."
"자기가 몇 번이나 말했는데 내가 놓쳤네. 미안해. 앞으로 주의할게."
"그때는 내가 예민했어. 서운하게 해서 미안해. 이젠 안 그럴게."

남편을 움직이게 만드는 말은 따로 있다

부부 싸움의 원인에는 여러 가지가 있지만, 내가 상담을 하면서 가장 많이 듣는 불만 중 하나는 '손 하나 까딱하지 않는 남편'이다. 워킹맘이든 전업맘이든 차이가 없다. 그런데 남편들을 상대로 강의를 하다 보니, 그들이 육아와 가사에 소극적인 데는 나름의 사정이 있었다.

첫째, 방법을 몰라서다. 아내는 "딱 보면 몰라? 안 보여?" 할 수 있지만 남자들은 진짜 안 보인다. 남성의 뇌와 여성의 뇌가 다르게 작동하기 때문이다.

둘째, 열심히 해도 욕을 먹어서다. 어느 유튜브 방송에서 남성 연예인이 이런 말을 한 적이 있다. "남자는 혼나려고 태어난 존재라고 생각하면 편해."

어릴 땐 엄마한테 혼나고, 결혼하면 아내한테 혼나고, 나이 들면 딸한테 혼나는 게 남자라는 것이다. 대상만 달라질 뿐, 뭘 해도 혼나는 게 남자의 인생이라는 말에 많은 남성들이 공감했다.

남자는 인정 욕구가 강하다. 그래서 칭찬에 약하다. 그런데 직장에서도 가정에서도 이들이 칭찬을 들을 일은 거의 없다. 육아나 가사도 마찬가지다. 기껏 했는데 돌아오는 말이 "이게 다 한 거야?"라면 점점 의욕을 잃는다.

셋째, 명령하는 말투가 싫어서다.

"음식물 쓰레기 버리고 와", "재활용 버리라고 했지?"

우리에게는 핑계처럼 들리지만 이런 식으로 말하면 남성들은 정말 반감을 갖고 더욱 소극적이 된다. 남성의 뇌 구조와 행동 패턴이 그러하기 때문이다. 외국인들과 우리의 생활방식이 다르듯 남편과 나의 생활방식도 다른 게 당연하다고 이해하자.

남편을 살림 협력자로 만드는 법

1. 구체적으로 요청하자

남자들은 머릿속에 물음표가 떠오르면 쉽게 움직이지 않는다. 예를 들어보자.

세탁기에서 알림 소리가 울리자 아내가 남편에게 말한다. "자기야, 빨래 다 됐어." 빨래가 끝났으니 가서 널어달라는 뜻이다.

그럼 남편은 이 말을 어떻게 받아들일까? '아, 빨래가 다 됐구나'로만 받아들이는 경우가 많다. 집안일을 하던 아내가 세탁기를 들여다보니 안에 빨래가 담겨 있다.

"빨래 안 널었어?" 그러면 남편들은 이렇게 대답할 것이다. "말을 하지. 널라는 말은 안 했잖아."

그러니 앞으로 이렇게 말해보자.

"자기야, 빨래 다 됐으니까 좀 널어줘. 그냥 널지 말고 주름 안 생기게 탁탁 털어서 널어줘."

"쓰레기통 비우고 새 비닐봉지 씌워줘."

"설거지 다 끝나면 싱크대 주변의 물기 좀 닦아줘."

"행주는 빨고 나서 쫙 펴서 널어줘."

대부분의 남성들은 구체적으로 시키면 잘 실행한다. 이때 "당신은 꼭 시키는 것만 하더라" 같은 말은 금물이다. 하라고 해서 했을 뿐인데 시키는 것만 한다고 지적을 받으면 의욕이 생기지 않는다. 그러니 '어차피 들을 잔소리라면 안 하고 듣겠다'는 생각으로 손 하나 까딱하지 않는 것이다.

2. 칭찬으로 인정해주자

가끔 남편이 가사나 육아를 하고 와서 "이거 다 했어" 하는 경우가 있다. 왜일까? 사실을 전달하는 것도 있겠지만 아내의 칭찬을 받고 싶은 것이다. '알아서 칭찬해줬으면 좋겠다'고 생각하지만 아내가 반응을 보이지 않으니 직접 와서 이야기하는 것이다. 그리고 솔직히 우리도 이 사실을 알고 있다.

하지만 집안일과 육아는 원래 공동의 일인데 남편이 마치 도와주는 것처럼 행동하는 게 얄밉다. 어쩌다 한 번 하는 일로 생색을 내는 게 거슬러서 일부러 칭찬해주지 않는 경우도 많다.

오늘부터 남편을 칭찬하면 좋겠지만, 도저히 그럴 수 없다면 최소한 그의 실수를 비난하지 않는 것부터 시작해보자. 집안일을 서툴게 하거나 기대에 못 미칠 때, 짜증을 내며 "이게 한 거야? 차라리 내가 하는 게 낫지" 하는 경우가 많다. 그런데 힘들게 일하고도 핀잔만 들으면 누구라도 하기 싫어지는 게 인지상정이다.

잔소리가 목구멍까지 차올라도, 그 순간을 참고 기다려보자. 처음엔 어설퍼도 시행착오를 겪다 보면 남편도 점점 요령이 생길 것이다. 여기에 칭찬까지 해주면 어느새 자상하고 집안일도 잘하는 남편으로 변화할 것이다.

3. 지시하지 말고 부탁하기

남자들은 명령조로 전달하는 말을 자신에게 도전하는 것으로 받아들이는 경향이 있다. 그러니 "청소기 돌려", "애 좀 보고 있어"보다는 "나 지금 설거지해야 하니 자기가 청소기 좀 돌려줄래?", "지금 애 씻길 수 있어?"처럼 부드럽게 요청하는 말투로 바꾸는 것이 훨씬 효과적이다. "설거지를 할래, 청소기 돌릴래?"처럼 선택권을 주거나, "11시까지 화장실 청소 좀 부탁해"처럼 구체적인 시간과 목표를 제시하는 것도 좋다.

우리 부부 후회 없이
사랑하는 법

부부 갈등은 언제 시작될까? 내 경험상 고마움이 당연해지면서부터인 것 같다. 무엇이든 익숙해지면 당연하게 여기게 되고, 당연해지면 불평 불만이 생길 수밖에 없다. 그런데 알다시피 이 세상에 당연한 것은 단 하나도 없다.

배우자가 집을 나설 때, 혹시 하던 일을 멈추고 현관까지 나가 "잘 다녀와"라고 인사하는가? 만약 그렇다면 정말 잘하고 있는 것이다. 지금까지 그렇게 하지 않았다면, 앞으로는 꼭 하던 일을 멈추고 배우자를 배웅해보자.

"잘 다녀와"는 그냥 인사가 아니라 일종의 기도와 같다. 슬프지만, 출근했다가 저녁에 집으로 돌아오지 못하는 사람은 생각보다 많다. 불행은 특정한 사람들만 겪는 것이 아니다. 사건사고 뉴스의 주인공이 언제든 우리 가족이 될 수도 있다.

어느 날, 강의 후 중년 여성 한 분이 나에게 다가와 이런 말을 했다.

"소장님 말씀이 정말 맞아요. 저도 이 얘기를 꼭 다른 분들께 전하고 싶어요."

그녀의 남편은 10년 전 출근길에 교통사고로 세상을 떠났다고 했다. 아침에 얼굴을 제대로 못 보고 바쁘게 출근시킨 것이 마지막이 될 줄은 상상도 못 했단다. 이후 그녀는 가족들이 문을 나설 때마다 '오늘이 마지막일 수도 있다'는 생각에 진심을 담아 인사한다고 했다.

우리는 종종 소중한 것을 잃고 나서야 그 가치를 깨닫는다. 배우자가 매일 집으로 돌아오는 일은 결코 당연하지 않다. 함께 밥을 먹고 잠을 자고 대화하는 모든 순간이 기적이다.

우리나라 사람들이 가장 많이 하는 말습관이 "죽겠네"이다. 짜증나서 죽고, 열받아서 죽고, 배고파 죽고, 졸려 죽고, 더워 죽겠다는 게 한국인이다. 심지어 행복한 상황에서도 예뻐 죽고, 귀여워서 죽고, 신나서 죽고, 좋아 죽는다.

그러면 막상 죽음이 임박했을 때 가장 많이 하는 말은 무엇일까? 바로 '걸걸걸'이다. 좀 더 잘해줄걸, 시간을 더 많이 보낼걸, 사랑한다고 말할걸······.

생의 마지막 순간에 후회하지 않으려면, 지금 내 옆의 배우자에게 한 번 더 웃어주고 한 번 더 안아주고 한 번이라도 따뜻한 말을 해주자. "있을 때 잘하자"라는 말은 괜히 생긴 게 아니다. 늙고 병들고 지칠 때 마지막까지 내 곁에 남아 있을 사람이 바로 배우자다.

편안함과 익숙함에 속아 소중한 것을 잃지 말자. 배우자의 사랑은 고달픈 삶의 안식처이자, 우리가 살아가는 이유이며 원동력이다.

한 법의학자가 TV 강연에서 이런 말을 했다. "저는 아내에게 화를 내지 않습니다. 매일 죽은 사람들의 얼굴을 보면서 살아 있는 사람이 얼마나 소중한지 깨달았기 때문입니다."

우리는 마치 천년을 살 것처럼 다투며 살아가지만, 인생에는 반드시 끝이 있다. 하루하루 살아간다는 것은, 어쩌면 죽음을 향해 한 걸음씩 나아가는 과정일 것이다. 오늘이 더욱 소중한 이유는 이 때문이 아닐까. 말하지 않아도 다 알 거라고, 늘 곁에 있을 거라고, 이대로 영원할 거라고 착각하지만 큰 오만이다. 이 사람이 내 곁에 없는 시간이 반드시 온다. 그러니 할 수 있을 때 최선을 다해 사랑하고 행복해지도록 노력해야 한다.

죽음을 기억하라는 '메멘토 모리 Memento mori'와 함께, 최근 자주 언급되는 말이 있다. 내 삶을 사랑하라는 뜻의 '아모르 파티 Amor Fati'이다.

자기 삶을 진정으로 사랑하는 사람은 배우자의 삶도 존중하고 사랑할 수밖에 없다. 우리 삶에서 가장 중요한 시간은 바로 지금이며, 세상에서 가장 친절하게 대해야 할 사람은 내 옆에 있는 사람임을 잊지 말자.

바쁜 부모를 위한 핵심 요약

1. 우리 부부 사이, 지금 괜찮은가요?

부부 사이가 얼마나 좋고 나쁜가가 아이 정서에 가장 큰 영향을 미친다. 좋은 아빠가 되고 싶다면 먼저 아내를 행복하게 해주자.

2. 친밀한 부부는 무엇이 다를까

배우자에게 잘하는 것도 중요하지만, 상대방이 싫어하는 행동 한두 가지를 줄이는 것만으로도 부부 친밀도가 크게 올라간다.

3. 아이가 중심에 있을수록 부부는 멀어진다

가정의 중심은 아이가 아니라 부부여야 한다. 아이에게 줄 수 있는 최고의 선물은 부모가 서로 사랑하는 모습을 보여주는 것임을 기억하자.

4. 부부 사이가 삐끗하면 아이 마음이 허기진다

부부 갈등이 심한 가정에서 자란 아이일수록 정서적 불안이 크고, 인간관계에서 자신의 존재를 증명하려는 욕구가 강해진다. 부부 싸움을 하더라도, 아이 마음이 허기지는 일이 없게 하자.

5. 아이 앞에서 싸울 때 명심할 것들

부부 싸움에서 가장 중요한 건 싸운 뒤 어떻게 화해하느냐이다. 만약 아이 앞에서 싸웠다면 건강하게 화해하는 모습도 꼭 보여주자.

6. 사랑보다 예의가 먼저다
부부 관계를 망치는 가장 큰 요인은 '무례하고 예의 없는 말투'다. 같은 말이라도 어떤 톤으로 하느냐에 따라 부부 관계를 살리기도 하고 망치기도 한다.

7. 남편을 움직이게 하는 말은 따로 있다
남편에게 집안일을 요청하고 싶다면 먼저 남성의 뇌 구조를 이해하는 것이 중요하다. 구체적으로 요청하고, 칭찬을 통해 인정 욕구를 채워주자.

8. 우리 부부 후회 없이 사랑하는 법
예전에는 고마웠던 것이 당연해지는 순간 갈등이 시작된다. 배우자가 내 옆에 머무는 것은 결코 당연한 일이 아니다. 함께하는 시간 동안 더 많이 사랑하고 존중하자.

부모와 아이는
함께 자란다

엄마가 흔들리면
아이는 무너진다

'나는 행복하지 않지만 아이는 행복했으면 좋겠어', '나는 자존감이 낮지만 우리 애는 높았으면 좋겠어.'

혹시 이런 생각을 한다면 당장 바꾸자. 부모가 불행한데 아이만 행복해지는 일은 없다. 뿌리가 썩은 나무가 건강하게 자랄 수 없듯, 불안한 부모 밑에서 아이가 온전히 행복하기란 어렵다. 미국 캘리포니아주립대 연구에 따르면, 엄마의 우울감은 자녀의 정서적 안정뿐 아니라 인지 발달에도 부정적인 영향을 미쳐 아이큐 자체를 낮출 수 있다고 한다.

그래서 엄마인 우리가 먼저 행복해지려고 노력해야 한다. 아이가 자존감 높은 사람이 되기를 바란다면, 먼저 나의 자존감을 높이기 위해 노력해야 한다.

자존감을 높이려면, 먼저 자존감이 무엇인지 정확하게 알아야 한다. 자존감이란 내가 어떤 모습이든, 나를 있는 그대로 존중하고 사랑하는 것이다. 단순히 "○○야, 사랑해" 한다고 자존감이 높아지지 않는다. 또한 진정한 자존감이란 나의 불안하고 욕심 많고 찌질하고 참을성 없는 모습도 받아들이는 것이다. 그러기 위해서는 나를 객관적으로 바라보는 능력을 갖춰야 한다.

물론 말처럼 쉽지 않다. 우리가 지금까지 살면서 받은 수많은 영향이 나의 무의식, 성격, 가치관, 태도에 깊게 스며 있기 때문이다. 자존감을 높이는 방법은 차고 넘치지만, 기술적인 접근만으로는 충분하지 않다. 또한 새로운 것을 시도하기보다, 자존감을 갉아먹는 행동을 멈추는 것이 더 중요하다.

건강한 자존감을 지키기 위해 반드시 버려야 할 것

1. 스스로를 비하하는 부정적인 생각

나는 원래 재수가 없어, 어차피 나는 안 돼, 내가 그러면 그렇지, 누가 날 좋아하겠어? 내가 한다고 뭐가 되겠어…….

자기 자신을 늘 부정적으로 바라보고 공격하는 사람들이 있다. 이른바 '셀프 텔러'다. 이러한 목소리는 평소에는 잘 들리지 않지만 새로운 도전을 앞두고 있거나 일이 잘 풀리지 않을 때 불쑥 튀어나온다.

그리고 이 목소리는 어릴 때 부모에게 가장 많이 들었던 말인 경우가 많다. 그 말들이 쌓이고 쌓여 나도 모르게 자신에게 내뱉는 것이다.

"난 어차피 뭘 해도 안 돼."

이런 말을 하면 뇌는 이 말을 진짜라고 믿고 실제로 그 방향으로 행동하려 한다. 말하는 대로 이루어진다는 옛말은 상당히 과학적인 근거가 있다. 그래서 혼잣말도 조심해야 한다.

이제는 부정적인 자아가 나타나서 나를 흔들도록 내버려두지 말자. 나에게는 이러한 자아를 끊어낼 힘과 의지가 있다. 내 안의 목소리가 또다시 나를 공격하면 단호하게 "아니야"라고 말해보자.

이때 필요한 것이 3초 전환 법칙이다. 부정적인 생각이 떠오르면 3초 안에 즉각 긍정적인 말로 바꾸는 것이다. '나는 왜 이렇게 멍청하지?'라는 생각이 드는 즉시 '나는 계속 배우고 성장하는 사람이야'라고 바꿔서 말하는 것이다.

긍정 확언도 도움이 된다. "나는 소중한 사람이야", "나는 존중받을 가치가 있어", "나는 몸도 마음도 건강해", "지금도 잘하고 있어"를 자신에게 말해주는 것이다. 반복하다 보면 뇌는 이 메시지를 현실로 받아들이고 서서히 사고 회로를 바꾼다. 실제로 매일 긍정적인 자기 확언을 실천한 사람들은 불안과 우울 증상이 줄어들고 자존감이 향상되는 효과를 경험했다는 연구 결과도 많다.

그러니 당장 오늘부터 스스로에게 다정하고 친절한 사람이 되어보자.

2. 착한 사람이 되려고 하지 말 것

착한 사람이 되려고 지나치게 애쓰는 사람들이 있다. 이들은 억울하고 속상해도 '나만 참으면 돼' 하며 감정을 억누른다. 남들에게 싫은 소리를 못 하고, 관계가 어긋날까 봐 거절하기를 어려워한다.

이들의 마음속에는 '모두에게 사랑받고 싶다'라는 강한 욕구가 자리 잡고 있다. 인정받고 싶고 누군가가 나에게 실망하는 상황이 두렵다. 그러나 아무리 노력해도 모든 사람에게 사랑받을 수는 없다. 그러니 이 마음이 욕심이라는 것을 먼저 인정하자.

다음으로 필요한 것이 거절하는 연습이다. 처음에는 어색하지만 하다 보면 자연스러워진다. 소소한 부탁을 거절하는 법부터 연습하는 것도 좋은 방법이다.

만약 내가 정당한 사유로 거절했는데도 상대방이 불만을 가지면 이 관계는 애초에 오래갈 수 없다. 내 감정과 경계를 지켜주는 사람을 곁에 두는 것이 더 중요하다. 나를 함부로 대하는 사람에게 너그러울 필요는 없다.

3. 내 생일은 내가 챙겨야 한다

"생일날 아침에 미역국을 끓였는데, 가족들이 '아침부터 웬 미역국이야?'라며 툴툴거리는 바람에 속상해서 울었어요."

강연장에서 누군가가 이런 말을 했다. 앞으로는 비슷한 상황이 생기면 가족들만 원망하지 말자. 내가 먼저 "다음 달 내 생일이야. 그날다 같이 저녁 먹어, 잊지 마!", "내 생일 2주 남았어, 꼭 기억해", "내일 엄마 생일이야"라고 꾸준히 알려주면 된다.

    생일을 단순한 이벤트가 아니라 가족끼리 사랑과 감사함을 나누고 기념일을 챙기는 문화로 만드는 것은 매우 중요하다. 특히 아이들이 어릴 때부터 부모의 생일을 챙기는 습관을 만들어주어야, 성장하면서 주변 사람들에게도 따뜻한 관심을 기울이는 사람으로 자란다.

아이보다 나를 먼저 챙겨야 하는 이유

"내가 너를 어떻게 키웠는데! 먹고 싶고 입고 싶은 것 다 참고, 돈 한 푼 안 쓰면서 키웠어! 그런데 네가 어떻게 나한테 이럴 수 있어?"

"내가 그렇게 해달라고 했어? 엄마가 좋아서 한 거잖아, 그런데 왜 이제 와서 나한테 그래?"

드라마 속 대사가 아니라, 지금도 수많은 가정에서 오가는 대화다.

우리는 자녀를 위해 희생하는 것이 사랑이라고 믿는다. 특히 워킹맘들은 가정과 직장을 오가며 짧은 시간에 많은 일을 해야 하니 개인 일정을 자꾸 포기하게 된다. 내 밥보다 아이 밥, 나의 편리함보다 아이의 안위, 나의 수면보다 아이를 재우는 것이 먼저다. 영유아기에는 어쩔 수 없지만 계속 이렇게 하는 것이 정말 맞을까?

비행기에서 사고가 나면 누가 먼저 산소마스크를 써야 할까? 당연히 부모다. 우리가 정신을 차려야 아이에게 산소마스크를 제대로 씌워줄 수 있다. 일상에서도 마찬가지다. 부모가 번아웃에 빠지거나 건강이 나빠지면 아이를 보살필 수 없다. 그래서 나를 돌보는 것이 아이를 위하는 길이기도 하다.

아이를 위해 나를 포기했다는 말이 아이에게 얼마나 부담을 주는지도 알아야 한다. 아이에게 가장 큰 기쁨은 행복한 부모를 보는 것인데 "너 때문에 내 인생을 포기했어" 하면, 아이는 '나 때문에 엄마가 힘들어', '나는 엄마한테 무조건 잘해야 해'라는 생각을 가질 수밖에 없고 결국 마음속 깊은 부담으로 간직하게 된다.

부모가 살아야 아이도 산다

진짜 좋은 부모는 자식에게 짐이 되지 않는 부모다. 혹시 아이가 커서 효도할 거라 기대한다면 빨리 정신 차리자. 우리 아이들은 자신들 먹고살기도 빡빡한 세상을 살아가야 하기 때문이다.

우리 아이들이 성인이 되면 1인당 최소 노인 네 명을 부양해야 하는 시대가 된다고 한다. 그러니 부모 스스로 앞가림을 하는 것이야말로 자녀에게 줄 수 있는 최고의 배려다. 자녀에게 짐이 되고 싶지 않다면 지금부터 아래 세 가지를 꼭 지키자.

첫째, 건강이다. 몸을 소홀히 다루면 언젠가 복수를 한다. 언제 복수할까? 먹고살 만해졌을 때다. 그래서 고생하며 번 돈을 병원비로 다 쓴다. 하루 10분이라도 운동하고, 제때 먹고, 제때 자고, 건강검진은 미루지 말자.

둘째, 감정 조절이다. 정신분석학자 바바라 프레드릭슨Barbara Fredrickson은 "부정적인 감정을 한 번 겪을 때 최소 세 번의 긍정적인 감정을 경험하라"고 주장했다.

부정적인 감정에 매번 휩쓸리지 말고 나를 즐겁게 해주는 것을 찾아야 한다. 좋아하는 음악, 편안한 사람, 하루 5분 일기 쓰기 등 곧바로 실천할 수 있는 것들 위주로 좋은 습관을 들이자.

마지막은 나를 위해 돈과 시간을 쓰는 것이다. 이렇게 열심히 일하고도 나를 위해 쓸 돈이 없다면 허무할 수밖에 없다. 그러니 월급의 일정 금액은 나를 위해 반드시 떼어놓자. 매달 5만 원이든 10만 원이든 이 돈은 절대 생활비로 쓰지 말고 나를 위한 금융치료비로 쓰자. 월차와 반차도 아끼지 말고, 가끔은 온전히 나를 위해 써보자.

완벽주의 내려놓기

상담 요청을 가장 많이 받는 주제 중 하나가 분노, 화, 짜증에 관한 것이다. '다시는 화를 내지 말아야지' 결심하지만 또 하게 되어 속상하다는 부모를 많이 만나왔다. 이들에게서 공통점을 하나 발견할 수 있었는데 완벽주의 성향이 강하다는 점이다.

완벽주의가 강한 부모들은 아이도 완벽하게 키우고 싶어 한다. 하지만 우리 모두 알고 있듯 육아는 절대 계획대로 되지 않는다. 하루에도 수십 번씩 예측 불허의 사건이 터지니 완벽주의가 강한 부모들은 더 큰 스트레스를 받을 수밖에 없다.

그런데 "빨리 해", "똑바로 하라고 했지?", "엄마 바쁘다고!"처럼 지시, 명령, 비난하는 말을 자주 듣는 아이들은 부모가 자신을 사랑하지 않을 거라는 생각을 하게 된다. 아이를 볼 때마다 자꾸 문제점이 보여서 잔소리를 하게 된다면, 혹시 아이에게 너무 높은 기준을 적용하고 있는 것은 아닌지 돌아볼 필요가 있다.

  육아가 유독 어렵다면 내 부모와의 관계도 한 번쯤 되돌아보자. 어릴 때 받은 상처가 아직 남아 있어서 아이에게 투영되는 것일 수 있기 때문이다. 부모가 감정 표현을 하지 않는 편이었다면 나도 아이의 감정을 받아주기가 어려울 수 있다. 늘 인정받으려 애썼다면 아이에게도 "내가 원하는 대로 해야 사랑해줄 거라"라는 메시지를 무의식중에 주고 있을 수 있다.

  만약 어린 시절 받은 상처가 아직도 크다면 적당한 시기에 부모에게 직접 언급하자. 설령 사과를 받거나 화해하지 못했어도 당사자인 부모에게 직접 말하는 행위 자체로 마음속 응어리가 어느 정도 풀릴 수 있다. 그러고 나서 불안하고 두려웠던 어린 나를 위로하고 다독여주는 시간을 갖자.

  나에게 아픈 시간이 있었고 그래서 상처가 크다는 사실을 스스로 인정하고 받아들일 때 비로소 진정한 치유가 시작된다. 이런 시간을 꾸준히 가지다 보면 힘들기만 했던 육아도 조금씩 수월해질 것이다.

· TIP ·

어린 시절의 상처를 치유하는 방법

1. 나에게 따뜻하게 말해주기
"그때 많이 힘들었지? 그래도 여기까지 씩씩하게 잘 와줘서 고마워."

2. 어린 나에게 편지 쓰기
친구에게 편지를 쓰듯 어린 나에게 편지를 쓰면서 외롭고 무서웠을 어린 시절의 나를 위로하자.

3. 내 감정을 부정하지 않기
힘들고 두렵고 막막했던 그 시절의 감정을 부정하지 말자. 외면하지 않고 용기 내어 마주하는 그 순간, 치유가 시작된다.

4. 지금의 나를 다정하게 대하기
나는 누구보다 소중하다. 과거의 상처가 아무리 커도 지금의 나를 망가뜨리지 못한다는 점을 꼭 기억하자.

분노는 아이 몸에
상처를 새긴다

생각해보면 우리는 가장 만만하고 편한 존재에게 화를 내고 내 감정을 투척한다. 그 상대는 보통 엄마와 아이다. 특히 아이는 나보다 모든 면에서 약하기에 때로는 감정 쓰레기통처럼 대할 때가 있다.

그런데 화는 습관이다. 아이에게 화를 내는 게 습관이 되다 보면 처음에는 목소리만 크게 내다가 어느새 나도 모르게 "도대체 너는 생각이 있는 거니, 없는 거니? 머리는 장식품이야?", "너 때문에 창피해 죽겠어", "그럴 거면 너 혼자 살아!", "내 집에서 나가!" 같은 말까지 하게 된다.

미국의 생리학자 엘머 게이츠 Elmer R. Gates 박사는 감정이 신체에 미치는 영향을 연구했다. 그의 대표적인 실험 중 하나는 사람들이 분노, 슬픔, 기쁨 등을 느낄 때 나오는 호흡을 모아 냉각시킨 후 침전물의

색을 분석한 것이다.

실험 결과, 분노는 갈색, 슬픔과 고통은 회색, 행복은 청색으로 나타났는데 특히 분노의 침전물에서는 독성이 발견되었고, 이 독성을 기니피그에게 주입하자 심각한 이상 반응을 보이다가 끝내 사망한다. 그는 이 실험을 토대로 "한 사람이 한 시간 동안 화를 내면 그의 몸에서 배출되는 독소로 80명을 죽일 만큼 치명적일 수 있다"라고 경고했다.

부모가 자주 화를 내면, 아이의 뇌는 위협을 감지하고 스트레스 호르몬인 코르티솔을 과도하게 분비한다. 코르티솔은 기억력과 감정을 조절하는 해마를 위축시키고, 문제 해결력과 공감 능력을 담당하는 전두엽의 발달을 방해한다. 부모의 잦은 화가 아이를 불안하고 위축되게 만들 뿐 아니라 뇌 발달까지 저해할 수 있다는 뜻이다.

만약 내가 매일 화를 내면서 아이에게 이런 독소를 내뿜고 있다면? 아이에게도 당연히 해롭겠지만 사실 가장 큰 피해자는 나 자신이다. 화를 자주 낼수록 몸에 독소가 쌓이니 건강에 좋을 리 없다.

엄마의 화와 아빠의 화는 다르다

엄마들은 주로 자잘한 짜증을 자주 낸다. 일정 부분은 예측도 가능하다. 또한 엄마들은 화를 낸 후 아이에게 미안한 마음을 빨리 표현하고 수습하는 경향이 있다.

아빠의 화는 다르다. 보통은 꾹 참고 참다가 어느 날 폭발하는 경우가 많다. 엄마보다 강도가 세고 감정을 추스르는 데 오래 걸리며 예측하기도 어렵다. 그러니 아이들은 눈치를 보면서 불안해한다. 그래서 아빠들은 자신이 언제 화를 내는지 잘 인지하고 현명하게 다스리는 법을 배워야 한다.

먼저 아이에게 기대치를 낮추자. 아이에게 화가 나는 가장 큰 이유는 내 기대대로 움직이지 않기 때문이다. 그러나 아이는 내가 아니고 성인도 아니다. 아이가 아팠을 때를 떠올리며 그저 건강하게 내 옆에 있는 것만으로도 감사하다고 생각해보자.

다음으로, 화가 나려는 마음을 감지하자. 화를 무조건 참다 보면 엉뚱한 데서 폭발할 수 있다. 피곤해서 쉬고 싶은데 아이가 계속 떠들어 짜증이 난다면, 아이에게 솔직하게 이야기하는 것이 좋다. "엄마가 지금 너무 피곤해서 쉬고 싶은데 네가 자꾸 시끄럽게 하면 화가 날 것 같아. 20분만 조용히 해줄래?"

마지막으로, 화가 난 이유를 설명해주자. 사실 아이들은 부모가 왜 화를 내는지 잘 모를 때가 많다. 장난감을 치우지 않고 계속 어지르기만 해서, 밥을 먹을 때 자꾸 반찬으로 장난을 쳐서, 시끄럽게 쿵쿵 뛰면서 아랫집을 불편하게 해서 화가 났다고 구체적으로 알려주면 아이도 자신의 행동이 왜 문제였는지 알 수 있다.

또 하나, 그 자리를 잠시 벗어나는 것도 도움이 된다. 잠시 안방에 가서 심호흡을 하거나 물을 마시는 소소한 행동으로 감정의 흐름을 한번 끊어보는 것이다. 아이는 아이 방에, 나는 안방이나 거실에 머물며 잠시 떨어져 있는 것도 좋다.

그리고 나서 대화를 이어나갈 때는 아이에게 감정을 정리했음을 알려주자. "이제 엄마 기분이 많이 나아져서 너랑 이야기할 수 있을 것 같아."

이렇게 하면 아이도 부모의 감정을 이해하고 불안감도 줄일 수 있다.

나는 정말 괜찮은 부모일까?

앞에서 내 마음을 돌보고 챙기는 것이 아이를 잘 키우는 첫걸음이라고 강조했다. 이제 본격적으로 내 마음을 들여다보는 시간을 가져보자.

먼저, 눈을 감고 스스로에게 물어보자. "너 요즘 어때? 괜찮아?"

이때 떠오르는 감정이 있다면 적어보자. 아무 느낌 없어도 괜찮고, 생각나는 게 많아도 상관없다. 여러 가지를 썼다면 긍정 감정과 부정 감정으로 분류해보자. 부정 감정이 많아도 걱정할 필요는 없다.

우리는 흔히 화, 짜증, 우울 같은 감정은 나쁜 것이니 빨리 없애야 한다고 여긴다. 하지만 감정에는 좋고 나쁨이 없다. 모든 감정에는 이유가 있으며, 그 자체로 중요한 신호일 수 있다.

하버드대 의과대학의 연구에 따르면, 감정을 억누르는 사람들은 그렇지 않은 사람들보다 우울증과 불안장애 발병 위험이 30퍼센트 더 높으며 신체 건강에도 악영향을 미쳐 스트레스 호르몬이 증가하고 면역력이 저하될 수 있다고 한다.

그러니 부정적인 감정을 느낄 수밖에 없다면 이를 건강하게 표현하는 법을 배워보자.

부정적인 감정으로 마음 점검하기

감정은 날씨와 같아서 끊임없이 변화한다. 그래서 마음을 수시로 들여다보는 시간이 필요하다. 최근 부정적인 감정을 많이 느꼈다면 너무 지쳐 있다는 신호일 수 있다. 그러니 스스로를 비난하지 말고 몸과 마음을 따뜻하게 보듬으며 자신에게 이렇게 말해주자.

"참 열심히 살았는데 이제 한계가 온 것 같아. 지금은 너를 더 챙겨줄게."

이런 시간을 통해 내 감정을 발견했다면, 그것이 누구와 관련 있고 왜 느끼게 되었는지 생각한 다음 아래 예시처럼 글로 써보자.

- **조급함** 늦으면 안 된다는 생각에 아이들을 재촉하게 된다.
- **피곤함** 밤늦게까지 놀려고 하는 아이들 때문에 피곤하다.
- **버거움** 이것저것 해달라는 요구가 많아서 벅차고 부담스럽다.

- **화** 첫째가 둘째를 자꾸 때려서 화가 불쑥불쑥 올라온다.
- **얄미움** 첫째가 둘째를 질투하는 행동이 가끔 보기 싫다.
- **마음이 아픔** 내가 화를 내는 동안 아이 마음이 슬프고 속상했을 걸 생각하니 마음이 아프다.
- **죄책감** 아이 마음에 더 깊게 공감해주지 못하고 화를 내서 죄책감이 느껴진다.
- **고마움** 부족한 게 많은데도 엄마 아빠가 제일 좋다고 말해주는 딸이 고맙다.
- **사랑스러움** 요즘 부쩍 애교가 많아진 우리 딸이 너무 사랑스럽다.

감정을 글로 쓰는 과정이 중요한 이유는 감정을 명확하게 인식해야 내 욕구와 바람을 정확하게 구분할 수 있기 때문이다. 화나 짜증을 낼 때의 우리 마음을 깊이 들여다보면, 그 안에 나의 진짜 욕구와 바람이 들어 있을 가능성이 크다.

예를 들어 집에 오면 편안히 쉬고 싶고, 집이 깨끗했으면 좋겠고, 거실에 장난감이 널려 있지 않았으면 좋겠고, 아이가 자기 방에서만 놀았으면 좋겠다는 게 내가 진짜 원하는 것이라면 이 마음을 아이에게 정확하게 전달해야 한다.

"○○야, 엄마는 퇴근하고 오면 거실이 깨끗했으면 좋겠어. 거실은 우리 가족이 함께 쓰는 공간이니까 장난감은 네 방이나 베란다에서 가지고 놀아. 특히 레고는 밟으면 엄청 아프거든. 지금은 엄마랑 함께 치우고, 내일부터는 네 방에서 놀자."

부모가 감정을 조절하면서 분명하게 원하는 것을 설명할 줄 알아야, 아이도 자기 마음을 건강하게 표현할 수 있다. 그래서 내 감정을 이해하는 것이야말로 육아의 근본이 된다.

마음에도 정기검진이 필요하다

내 마음이 건강한지 체크해보는 간단한 테스트가 있다. 아래 세 가지 중 몇 개나 해당하는지 확인해보자.

1. 최근에 소리 내서 웃은 적이 있다.
2. 최근에 콧노래를 부르거나 노래를 흥얼거린 적이 있다.
3. 최근에 계절의 변화를 느끼고 말로 표현한 적이 있다.

이 테스트는 지금 나에게 웃음, 흥, 여유 중 무엇이 부족한지 살펴보는 과정이다. 일부러라도 소리 내어 웃고, 좋아하는 음악을 들어보자는 것이다.

이 세 가지 중 내 마음의 바로미터는 바로 3번, 계절의 변화를 느끼고 말로 표현하는지 여부다. 내면이 건강한 사람은 감수성이 풍부하고 주변의 변화를 쉽게 알아차릴 수 있다. 하지만 지치고 우울할 때는 '춥다, 덥다' 외에는 잘 느끼지 못한다.

경험해본 사람들은 알겠지만, 너무 지치고 힘들면 숨을 편하게 쉬기가 힘들다. 만약 지금 이런 상태라면 내 마음이 신호를 보내고 있음을 알아야 한다.

철학자 쇼펜하우어는 "삶이 괴롭다면 평소보다 많이 먹고, 많이 자라"고 말했다. 잘 먹고 잘 자는 것의 중요성은 모두 알고 있으니 여기서는 숨 고르기에 도움이 되는 몇 가지 방법을 살펴보자.

1. 힘들 때는 일단 걷자

힘들 때 누워서 스마트폰만 보고 있으면 더 괴로워진다. 이럴 때는 걷는 것이 도움이 된다.

배우 하정우 님은 그의 책 《걷는 사람》에서 걷기를 '나 자신을 아끼고 관리하는 최고의 투자'라고 표현했다. 그는 몸을 움직이면 고민과 고통이 씻겨 내려가므로, 기분이 가라앉거나 고민이 생길 때 일단 걸어보라고 조언한다. 그의 조언이 아니더라도 걷기가 심신의 건강에 얼마나 큰 도움이 되는지 우리는 이미 알고 있다.

과학적으로도 걷기는 스트레스 호르몬인 코르티솔을 줄이고 기분을 좋게 하는 세로토닌과 엔도르핀의 분비를 촉진하는 효과가 있다. 특히 자연 속에서 걷는 것은 더 큰 효과를 준다고 하니 시간 나는 대로 공원, 강가, 산책로 등을 걸으며 자연의 변화를 느껴보는 것도 좋을 것이다.

2. 행복한 사람이나 콘텐츠를 가까이하자

함께하는 사람들이 누구냐에 따라 우리의 기분과 에너지, 심지어 미래까지도 바꿀 수 있다.

만약 배우자가 나에게 좋은 에너지를 준다면 큰 행운이다. 하지만 주변에 그런 사람이 없다면 강의·책·음악·여행·운동 등 에너지를 충전할 수 있는 콘텐츠를 가까이하는 것도 좋은 방법이다.

거창하지 않아도 된다. 자존감이 떨어질 때 힘이 되는 책, 용기가 필요할 때 보면 좋은 영상, 화를 가라앉힐 때 듣는 음악 등 자신만의 플레이리스트를 만들어두면 도움이 많이 된다.

정신과 전문의 이근후 교수는 "산다는 것은 슬픈 일이지만, 사소한 즐거움을 잃지 않는 한 인생은 무너지지 않는다"라고 말했다. 행복의 감각이 무뎌지기 전에 적극적으로 나를 행복하게 만드는 것들을 찾아보자.

3. 재충전 시간을 만들자

많은 부모들이 공감하겠지만, 평일에는 아무리 깨워도 안 일어나는 아이들이 주말만 되면 새벽같이 일어나 엄마를 깨운다. 너무 피곤하지만 억지로 일어나야 하는 상황이 되면 솔직히 짜증이 나고, 때로는 아이가 미울 때도 있다. 그러다 보면 온종일 "안 돼", "하지 말라고 했지", "야!" 하며 화와 짜증을 내게 된다.

 나도 그런 경험을 많이 했다. 그렇게 아이를 혼내고 나면 꼭 자고 있을 때 미안함과 죄책감이 봇물 터지듯 밀려와 힘들었다. 이런 상황이 반복되다 보니 '이대로는 안 되겠다' 싶어 내 시간을 악착같이 챙기기로 했다. 나에게는 그게 마사지 시간이었다.

 토요일 오전 열 시만 되면 꼭 마사지를 받으러 갔다. 잠을 자며 에너지를 충전하기 위해서였다. 확실히 푹 자고 나니 몸도 마음도 훨씬 개운해져서 아이들을 잘 보살필 수 있었다. 생계형 워킹맘이지만 마사지에 쓰는 돈과 시간이 하나도 아깝지 않았던 이유다.

엄마 아빠 성장 프로젝트 -
이제, 부모도
자라야 할 시간

요즘 아이들의 가장 큰 특징은 무기력이다. 하고 싶은 것도, 되고 싶은 것도 없다. 아이에게 꿈이 뭔지, 커서 뭘 하고 싶은지 물어보면 대부분 모른다, 없다고 한다. 실제로 초등학교 5학년 아이를 키우는 한 워킹맘은 아들에게 "넌 꿈이 뭐야?"라고 물었더니 "꿈 같은 거 꾸면 뭐해? 그냥 살다 죽는 거지"라고 말해 충격을 받았다고 했다. 오죽하면 요즘은 '하고 싶은 게 있으면 효자, 효녀'라는 말도 나올 정도다.

아이들이 왜 무기력하고 꿈이 없을까? 부모가 꿈꾸는 모습을 한 번도 보지 못했기 때문이다. 아이들이 부모에게서 보는 모습은 현실의 팍팍함뿐이다. 물가 걱정, 노후 걱정, 힘든 회사 생활에 대한 푸념, 불안한 미래…… 행복하지 않은 부모의 모습을 보며 아이들은 "어른이 되기 싫어요"라고 말한다.

나폴레옹은 "지금 나의 불행은 언젠가 내가 잘못 보낸 시간의 보복이다"라는 말을 했다. 과거의 내가 지금의 나를 만들었고, 지금의 내가 미래의 나를 완성한다. 내가 지금 하는 생각과 경험과 선택이 몇 년 뒤의 나를 만든다. 그러니 3년, 5년 뒤 원하는 모습을 상상하며 지금부터 나를 키워보자.

"3년, 5년 뒤 이루고 싶은 목표가 있나요?"
"그 목표를 글로 적어두었나요?"
"이 목표를 달성하기 위한 구체적인 계획을 가지고 있나요?"
강연장에서 참가자들에게 이 세 가지를 질문하면, 모두 '그렇다'라고 대답하는 비율이 2퍼센트가 채 되지 않는다.

목표가 없는 이유는 나를 모르기 때문이다. 나의 장점, 강점, 특징은 무엇인지, 절대 포기 못하는 것과 가장 두려워하는 것은 무엇인지 등을 알아두면 꿈을 찾는 데 상당히 도움이 된다. 아래 세 가지를 참고해 오늘부터 내가 누구인지 탐색해보자.

1. 나 자신과 대화를 많이 한다

하루 10분만이라도 타인과 미디어에서 벗어나 오직 나에게 집중하는 시간을 가져보자. 우리는 평소 자신보다 주변을 더 의식하면서 수시로 남과 비교하고 감정을 소모하면서 하루를 보낸다. 하지만 매일 짧더라도 규칙적으로 혼자 보내는 시간을 갖다 보면 남을 향한 시선을 점점 나 자신에게 돌릴 수 있다.

나의 경우, 가족보다 한 시간 일찍 일어나 스트레칭을 하고 짧은 감정 일기를 쓰는 시간을 갖는다. 스트레칭을 하면서 요즘 몸 상태가 어떤지 살펴보고, 일기를 쓰며 내 감정을 정리하고 하루의 방향을 잡는다.

10분이면 충분하다. 그 시간이 '나를 돌보는 가장 강력한 루틴'이 되어준다.

2. 낯선 경험을 한다

우리는 나이가 들수록 익숙한 것을 추구하며 안정감을 느끼려 한다. 늘 걷던 길만 걷고, 익숙한 음식만 먹고, 만나던 사람들하고만 어울리는 식이다. 그러다 보면 일상이 점점 좁아지면서 어느새 삶이 정체되기 시작한다.

일본의 경제학자 오마에 겐이치는 그의 저서 《난문쾌답》에서 이렇게 말했다.

"인간을 바꾸는 방법은 단 세 가지뿐이다. 시간을 달리 쓰는 것, 사는 곳을 바꾸는 것, 새로운 사람을 사귀는 것. 이 세 가지 방법이 아니면 인간은 절대 바뀌지 않는다. 새로운 결심은 가장 무의미한 행위다."

혹시 이 세 가지가 어렵게 느껴진다면 작은 것부터 시도해보자. 가끔은 한 번도 가본 적 없는 골목길을 걸어보고, 늘 먹던 음식 대신 새로운 메뉴에 도전해보고, 낯선 장소에서 처음 만나는 사람과 대화를 나눠보자. 이러한 작은 새로움이 익숙함의 벽을 깨고, 우리의 삶을 조금씩 바꾸기 시작할 것이다.

3. 나의 장점을 발견하자

"자신의 장단점을 말해보세요."

이런 질문을 받으면 많은 사람들은 습관처럼 단점부터 떠올린다. 하지만 우리는 분명 장점도 가진 존재다. 많은 사람들이 자신의 장점을 잘 보지 못하는 이유는 끊임없이 남들과 비교하면서 자신을 깎아내리기 때문이다.

중요한 건, 비교가 아니라 발견이다. 다른 사람을 기준으로 자신을 평가하지 말고 스스로에게 질문을 던져보자.

'나는 어떤 사람이지?'

'나는 무엇을 할 때 몰입하고 시간이 빨리 가지?'

'내가 좋아하는 일은 무엇이지?'

이런 질문에 생각나는 것들을 적다 보면 나를 더 잘 이해할 수 있게 된다. 만약 장점이 쉽게 떠오르지 않는다면, 싫어하는 것부터 써보는 것도 좋은 방법이다.

자신을 긍정적으로 바라보는 사람이 타인에게도 따뜻한 지지를 보낼 수 있다. 아이에게, 동료에게 진심 어린 응원을 보내고 싶다면 먼저 나 자신을 있는 그대로 바라보고 스스로를 따뜻한 시선으로 바라보는 연습을 해보자.

바쁜 부모를 위한 핵심 요약

1. 엄마가 흔들리면 아이는 무너진다

부모의 자존감은 아이에게 대물림된다. 아이가 행복하게 자라길 바란다면, 엄마인 내가 먼저 행복해지기 위해 노력하자.

2. 아이보다 나를 먼저 챙겨야 하는 이유

정말 자녀를 위하는 부모는 자녀에게 짐이 되지 않는 부모다. 건강관리, 감정 관리, 노후 준비 등을 통해 부부가 행복하고 안심할 수 있는 '거리'들을 미리 만들어두자.

3. 완벽주의 내려놓기

아이를 볼 때마다 못 미덥고 화가 난다면 혹시 내가 아이에게 지나치게 높은 기준을 적용하고 있는 것은 아닌지 돌아보자. 완벽주의 성향이 높을수록 부모도 아이도 지치게 마련이다.

4. 육아가 버겁다면 내 부모와의 관계를 살펴보자

아이를 키우는 것이 유독 감정적으로 힘들고 어렵다면 나의 부족함을 자책하기 전에, 내 부모와의 관계를 먼저 점검해보자.

5. 분노는 아이 몸에 상처를 새긴다

부모가 자주 화를 낼수록 아이의 뇌에서는 스트레스 호르몬인 코르티솔이 과도하게 분비된다. 이런 과정이 반복될수록 아이의 두뇌 발달을 저해할 수 있음을 기억하자.

6. 나는 정말 괜찮은 부모일까?

최근 부정적인 감정을 많이 느꼈다면, 많이 지쳤다는 신호일 수 있다. 이럴 때 내 감정을 수시로 들여다보며 글을 쓰다 보면 자신의 내면을 객관적으로 살펴보는 데 도움이 된다.

7. 마음에도 정기검진이 필요하다

365일 24시간 내내 행복할 수는 없다. 하지만 마지막으로 소리 내어 웃거나 노래를 흥얼거린 게 언제인지 모르겠다면, 잠시 숨 고르기가 필요하다.

8. 엄마 아빠 성장 프로젝트 - 이제, 부모도 자라야 할 시간

아이가 무기력하고 꿈이 없는 이유는 부모가 꿈꾸는 모습을 보지 못했기 때문이다. 부모가 꿈을 꾸면 아이도 꿈을 꾸고, 부모가 성장하면 아이도 성장한다. 아이만 키우지 말고 이제 나도 함께 키워보자.

일하는 엄마는 어떻게 성장하는가

초판 1쇄 인쇄 2025년 9월 15일
초판 1쇄 발행 2025년 9월 20일

지은이 이수연
펴낸이 신경렬

상무 강용구
기획편집부 이다희 신유미
마케팅 최성은
디자인 신나은
경영지원 김정숙 김윤하

기획 이진아콘텐츠컬렉션
책임편집 이다희
디자인 북디글스튜디오

펴낸곳 ㈜더난콘텐츠그룹
출판등록 2011년 6월 2일 제2011-000158호
주소 04043 서울시 마포구 양화로 12길 16, 7층(서교동, 더난빌딩)
전화 (02)325-2525 | **팩스** (02)325-9007
이메일 editor1@thenanbiz.com | **홈페이지** www.thenanbiz.com

ISBN 979-11-93785-45-4　03190

- 이 책 내용의 전부 또는 일부를 재사용하려면 반드시 저작권자와 ㈜더난콘텐츠그룹 양측의 서면에 의한 동의를 받아야 합니다.
- 잘못 만들어진 책은 바꾸어 드립니다.

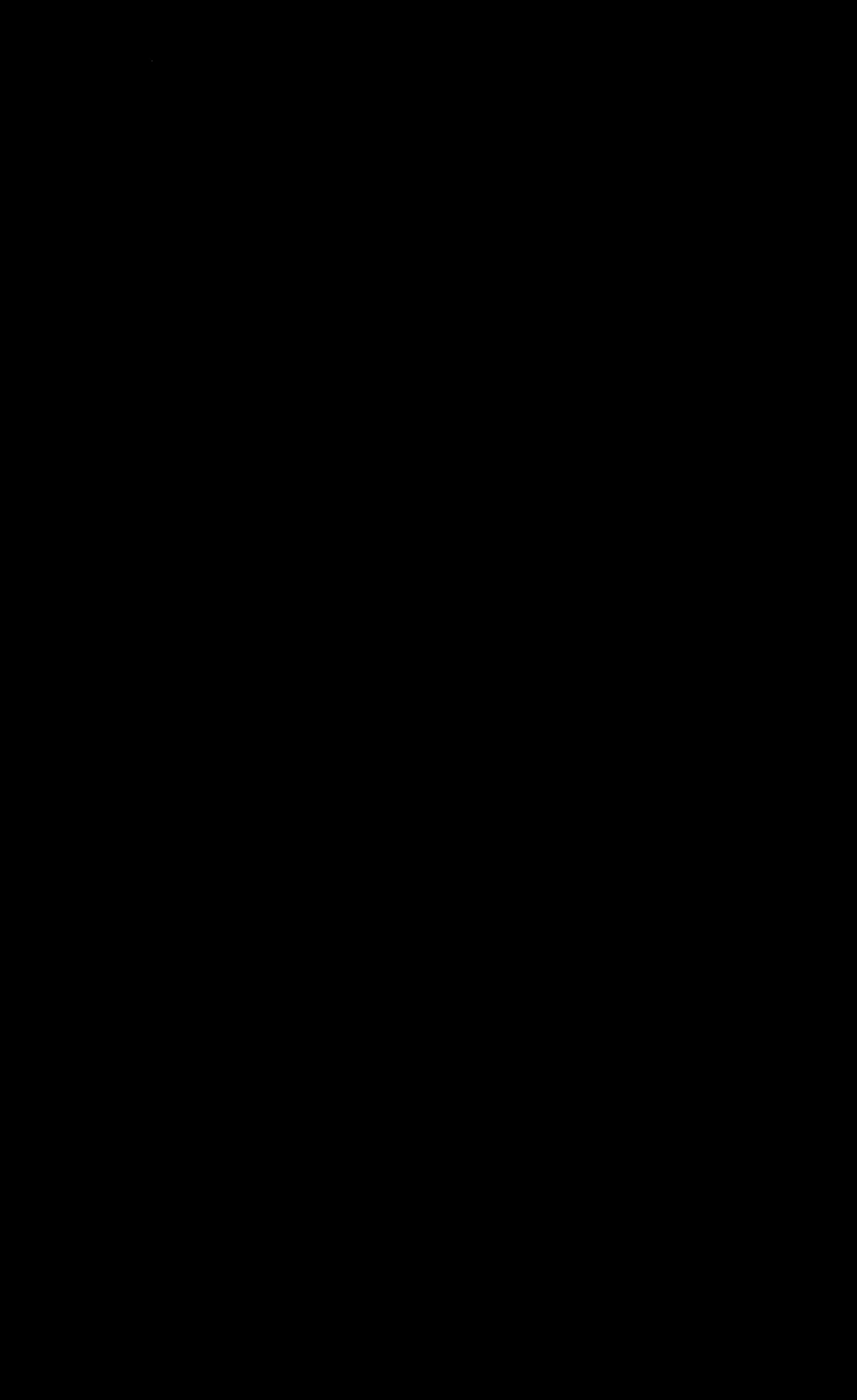